英语教育及教学改革研究

王　飞◎著

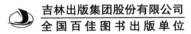
吉林出版集团股份有限公司
全国百佳图书出版单位

图书在版编目（CIP）数据

英语教育及教学改革研究 / 王飞著. -- 长春：吉林出版集团股份有限公司, 2023.12
ISBN 978-7-5731-4465-2

Ⅰ.①英… Ⅱ.①王… Ⅲ.①英语－教学研究－高等职业教育 Ⅳ.①H319.3

中国国家版本馆CIP数据核字(2023)第234092号

YINGYU JIAOYU JI JIAOXUE GAIGE YANJIU

英语教育及教学改革研究

著　　者　王　飞
责任编辑　宫志伟
装帧设计　李　亮

出　　版　吉林出版集团股份有限公司
发　　行　吉林出版集团社科图书有限公司
地　　址　吉林省长春市南关区福祉大路5788号　邮编：130118
印　　刷　唐山富达印务有限公司
电　　话　0431-81629711（总编办）
抖 音 号　吉林出版集团社科图书有限公司　37009026326

开　　本　710 mm×1000 mm　1 / 16
印　　张　9.25
字　　数　150 千
版　　次　2023 年 12 月第 1 版
印　　次　2023 年 12 月第 1 次印刷

书　　号　ISBN 978-7-5731-4465-2
定　　价　45.00 元

如有印装质量问题，请与市场营销中心联系调换。0431-81629729

前　　言

随着国内学术环境的发展，英语教育教学必然需要发挥更大的功能。这给英语教育的发展带来了新的契机，但也面临着新一轮的改革。英语教育的改革势在必行，关于其理念、技术等方面的措施是当前领域内研究的首要任务。

此外，随着 21 世纪知识经济和信息时代的到来，全球经济一体化进程加速，国家之间在政治、经济、文化、军事等各个方面的竞争、合作、交流日益频繁和加深，国与国之间的依存性与日俱增，各个国家将教育改革与发展列入国家发展战略的高度。各国开始重新审视本国的教育目标、教育理念、教育方法和教育内容，审慎思考本国的人才培养目标是否能够适应 21 世纪世界政治、经济、科技和文化的飞速发展，重视语言教育对于人才培养和国家发展的意义和价值。

本研究立足于我国基础教育课程教材改革的大背景、英语语言学理论，对我国英语教育进行了全面、深入的论述。前两章节主要对英语教育的基础理论进行了详细描述，第三章主要对国内英语教育的现状和难题进行探究。第四章和第五章就基础理论和现实情况提出相应的教育模式和构建方法论。

本书结构合理、条理清晰、内容丰富，能为当前的英语教育研究提供借鉴。

撰写本书过程中，参考和借鉴了一些知名学者和专家的观点及论著，在此向他们表示深深的感谢。由于水平和时间所限，书中难免会出现不足之处，希望各位读者和专家能够提出宝贵意见，以待进一步修改，使之更加完善。

王 飞

2023 年 10 月

目 录
CONTENTS

第一章　英语教育教学理论及运用

第一节　语言学理论

语言学理论是外语教学法的重要理论依据。20世纪外语教学法研究盛况空前，人们以语言学理论为基础，开展对外语教学法的理论研究和实践指导。语言学理论之所以能够成为外语教学法的理论来源，与语言学研究的任务与目标密切相关。语言学主要从不同方面探讨语言的系统、构成、特征等，如理论语言学关注语言的本质，社会语言学关注不同社会环境下语言的特征和功能，各种具体的语音学、语法学、词汇学主要分论语言各个要素的规律和彼此间的关系。正是基于上述语言学各个层面的研究，人们不但可以依照对语言的理解开展针对性的实践教学，还可以以语言学理论为基础，对英语教学进行应对性探究。历史上不同时期对语言学的不同看法与研究形成了不同的外语教学法，如以结构主义语言学理论为基础的听说法，以语境语言学理论为基础的情景法，以诺姆·乔姆斯基的转换生成语法为基础的认知法，以及以建构主义语言学理论为基础的交际教学法，等等，无不是在不同语言学理论影响下建立起来的。

英语教学主要从语言的三个方面获取理论依据：一是语言的结构；二是语言的功能或运用；三是语言的习得或学得。就语言的结构而言，结构语言学把语言陈述为一个具有正式层次结构的整体符号系统。对这些形式结构的精确研究有助于外语的学习。同时，英汉对比不仅能肯定母语在外语教学中的地位，而且能够突出含有母语文化与目的语文化的跨文化理论对外语学习的影响，有利于汉语环境下外语学习者获得一种文化认同并进而培养英语思维的习惯。本土视网下的英语教学法部分地吸纳了结构主义和英汉对比理论的观点，强调从英语本身的结构层次来理解语言并以英汉两种语言的异同作为外语教学的一个参考指数。如"十六字外语教学法"为"适当集中，反复循环，扩大阅读，分层教学"，强调以结构看待和进行外语教学，在教学中要辩证看待英汉语言的差异；英语三位一体教学法通过将英语按照结构分类进行教学。从语言的功能或运用来看，英语教学应该着重探讨语言的意义和功能。一定程度上语言的功能决定语言的形式，语言的社会功能意义重于语言的先天结构意义。功能语言学理论强调语言的本质是意义，语言的本质功能是社会交际功能。我国的英语教学法倡导语言教学关键在于语言功能的教学，即教会学习者如何运用语言。这就汲取了功能语言学对语言功能与意义的观点，认为后天社会环境中对语言的学习能够在一定程度上弥补外语学习者由于本身对目的化结构知识缺乏带来的不足。这一观点同时也是对乔姆斯基的转换生成语法的批判吸收。

生成转换语法强调语言的内部结构，这是非常重要的，并且我们都应该明白的是语言本身就是生成的，无论是母语学习者还是外语学习者或第二语言学习者，其头脑内部都有一个语言习得机制和普遍语法，这种语言的相似性和普遍性可以为语言学习带来便利。这一理论虽然较结构主义有一定的超越，但对于外语教学来说，转换生成语言学的观点值得商榷。本土视网下的外语教学强调学习者作为外在的学习客体对语言功能的掌握是促进学习者学习的有效动机，而作为内在的学习主体，外语学习者不同于第二语言学习者，语言习得机制作用的发挥还需要功能主义语言学理论的支撑，只有内外结合方可激发学习者作为外在的学习客体与内在的学习主体对外语学习的理性与感性的双重认知，最终共同促进外语学习向前发展，如外语立体化教学法的语言要素观包含了对功能主义理论和转换生成语言学理论的批判吸收。

从语言是学得还是习得的观点来看，本土视网下的外语教学法提倡从语言的屈性来看语言究竟是学得还是习得。本书认为，外语教学和第二语言教学在教学目的、教学环境、教学师资、教学材料以及母语作用等上都有着明显的差异。在课堂上我们只有外语教学完全不用第二语言教学来辅助，会出现很多问题，会使课堂缺少一种自然学习语言的环境，会让学习变得死板和保守，同时目前教学环境也缺少操目的语语言的外籍师资，在教学材料上也受限于课堂课本的学习，只能主要围绕教学目标展开应试性的教学，因而教学目的也是以外在的考试机制为推手着重外语教学的工具性目的。第二语言教学在教学环境、师资和教学材料等上具有一定的优势，更加侧重自然环境下的语言习得。这一特点提醒我们应该慎重选择第二语言习得理论作为外语教学的理论基础。第二语言习得理论主要是建立在对第二语言进行研究的基础上的一种理论。这些理论中最有影响力的是斯蒂芬·克拉申的控制理论。控制理论包括五个主要假说：语言学习假说、自然秩序假说、控制假说、语言学习假说和情绪过滤假说。根据克拉申的观点，第二语言的习得主要包括两个让我们感觉到具有很大不同的过程：习得过程和学习过程。另一方面，"学习"是我们人类的特殊行为，是一种有意识地获得和理解一种语言的行为。

根据克拉申的观察理论，"学会"一种语言的人可以轻松自由地用这种语言进行交流，而"习会"一种语言的人只能根据规则来观察它。

自然顺序假设是这么定义的，第二语言相关的规定都是按照可以提前预想的一些顺序学习的，一些规则是先于其他规则学习的，而且这种顺序是普遍的，不取决于课堂教学的顺序。输入假说认为，学习者是先理解输入然后才逐渐掌握获得第二语言，这需要"可理解的输入"。只有这么一种情况即当学习者和"可理解的"语言材料接触时，第二语言的习得才能产生积极的效果。

情感过滤假说在尽力解释说明为什么学习者以不同的方式学习和成功。学习者本身的可以接受信息量的程度和情感方面的影响对语言学习也有很大的不可忽视的影响。情绪因素影响语言学习的效果和质量。克拉申关于第二语言习得的理论在语言教师和其他人中非常有影响力，但也有批评者。其中一个观点是，由于外语本身和第二语言之间存在差异，外语学习和第二语言习得之间也有差异，这表明克拉申的学习理论应该被谨慎地使用。在中国，英语是一门外语，这一特点无法改变。因此，中国的语言教学应该更加关注外语学习理论而不是第二语言学习理论。语言教学的教学理论强调在课程设置、学习目标、教学大纲、教材和教师等方面，按照教学规律科学全面地组织学习活动。这种活动是一种直接的、有计划的教学活动，因此与自然语言环境中的第二语言学习方法不同。

总而言之，从语言学的角度思考外语教学法的理论依据需要结合英语教学的特性和本土环境的特点进行，而不是拘泥于某一种语言学理论。

第二节　意识理论

有意识过程和无意识过程在第二语言学习中的作用是应用语言学中争论的问题之一。理查德·施密特在他的文章《意识在第二语言学习中的作用》中认为，意识的概念在第二外语学习中既有用，也可能是必要的。有意识过程在第二语言学习中很重要，但在语言理解和产生中不应忽视无意识过程，有意识过程和无意识过程这两者都有助于第二语言的学习。他得出的结论是，需要对学习者的注意进行更多的研究，当与输入相结合时，学习者的注意力会被吸收，附带学习，内隐学习，以及学习者学习第二语言时的意识。这一理论为构建外语学习理论奠定了新的理论基础，为我国英语教学中更新教学观念、改进教学方法和学习策略提供了理论支持。然而，注意假设和第二语言意识过程以及如何适用于中国的英语教育值得更多地讨论和研究。

有意识过程和无意识过程在第二语言学习中的作用是应用语言学中争论的问题之一。克拉申提出了两个独立过程之间的区别：习得和学习"获得"是一个潜意识过程；"学习"是一个有意识的过程，可以"了解"一门语言。他声称有意识的知识不能变成无意识的语言知识。麦克劳林、罗斯曼和麦克劳德不同意克拉申关于习得和学习的区别的观点。他们坚持自己的立场，以避免语言习得理论中的意识问题。学术界大部分观点认为学习语言在很大程度上是一个有意识的过程，注意在学习过程中很重要。另一个论点是，获得是有意识和潜意识的混合——部分是有意识的，部分是潜意识的。对第二语言习得中意识的讨论表明，有意识的"学习"和潜意识的"习得"之间的区别过于简单化，可以预见的是，这样的争论将持续下去。在《意识在第二语言学习中的作用》一文中，理查德·施密特认为意识的概念对第二语言的学习既有用，也可能是必要的。施密特的目的是揭示有意识过程在第二语言学习中是重要的，但在语言理解和产生中不应忽视无意识过程，有意识过程和无意识过程这两个过程都有助于第二语言的学习。施密特首先提出了更清晰的意识定义，这对于理解与第二语言学习相关的众多问题是必要的。他说，应该区分三种意识：意识是意识，意识是意图，意识是知识。施密特随后展示了意识理论：信息处理理论中的意识和全球工作空间理论。施密特提出了三个需要考虑的问题：（1）摄入、注意和潜意识感知的问题；（2）附带学习和有意学习的问题；（3）内隐学习和外显学习的问题。他得出的结论是，需要对学习者的注意进行更多的研究，当与输入相结合时，学习者的注意力会被吸收，附带学习，内隐学习，以及学习者在学习第二语言时意识到什么。施密特的注意假设及其在语言习得中的作用既得到了一些支持又引起了一些争论，这推动了对第二语言习得相关问题的更多关注和研究。施密特的理论和研究被许多研究者用作重要文献。因此，他可能是推动第二语言学习中有意识和无意识研究的最有影响力的研究者之一。

在过去的数十年中，意识在认知和学习中的作用得到了认真的反思。一些人声称有意识的知识不能变成无意识的语言知识。有些人试图避免语言习得理论中的意识问题。另一些人则认为，第二语言习得中的意识问题之所以会引发讨论，是因为很难区分有意识的"学习"和次元的"习得"之间的区别。还有一个论点是，习得部分是有意识的，部分是潜意识的。然而，正如施密特所述，意识概念具备双重意义。为了讨论第二语言学习中有意识过程和无意识过程的贡献，施密特对意识的定义、意识理论以及与第二语言中三个问题相关的证据进行了更清晰的讨论。克拉申在他的输入假说中提出了"意识"，但没有给出定义。克拉申宣称，"获得"和获得知识是一个潜意识过程，而学习和习得的知识是有意识的过程。有意识的知识不能成为无意识的语言知识。然而，施密特在他的文章《意识在第二语言学习中的作用》中给出了一个相对清晰的意识定义。施密特将意识分为三类：意识是意识、意识是意图和意识是知识，他认为意识层面的注意是输入转化为摄入的必要条件。他假设：输入＋注意＝摄入。

意识有程度或层次，感知、注意（焦点意识）和理解。感知通常被认为是对外界事件的心理反应，但施密特认为"感知不一定是有意识的，潜意识感知是可能的"。正如他所观察到的，意识作为意识也可以存在于感知层面，这可以是潜意识的。注意是指私人或主观体验。理解是更高层次的意识。问题解决和元认知（意识意识）属于这一层次。关于意识作为意图，施密特指出，"意识这个术语最常见的歧义是在被动意识和主动意图之间"。也就是说，被动意识和主动意图之间的区别总是令人困惑。然而，施密特仔细区分了意识和意图。两者之间的分离是显而易见的，因为我们经常意识到我们不打算注意到的事情。意图既可以是有意识的，也可以是无意识的。

意识类似于解释、语法练习、了解规则和练习，而潜意识相当于输入、交流和交际活动。学习研究中有四种"意识"：作为意向性的意识（有意 / 偶然学习的对比）、作为注意力的意识（集中注意力和"注意"与外围注意力）、作为意识的意识（显性 / 隐性学习与知识的对比）和作为控制的意识（受控与自动处理、自动性、显式 / 隐式记忆）。偶然学习确实正常发生，但通过偶然学习获得的知识与通过有意学习获得的不同。当我们谈论无意学习或交流语法学习时，使用"偶然学习"而不是"无意识学习"。

关于意识在第二语言学习中的具体作用。第一个是潜意识学习问题，即"注意"层面的意识对语言学习是否必要。施密特否认潜意识语言学习，并强调注意的重要性，当学习者有意识地注意时，注意就变成了吸收。第二个是附带学习问题，即是否有必要为了学习而有意识地"关注"。在任务型语言教学中，附带学习当然是可能的。第三个是内隐学习问题，指的是基于输入的学习者假设是有意识理解的结果还是无意识的抽象过程。

第三节　教育学理论

　　语言习得的研究意味着语言理论和教学方法的发展，在理想的教育体系中，这些理论和方法应该相互补充，相互补充与潜在外语使用者的利益相关。在中国，教育政策在很大程度上强调了外语学习的重要性。尽管如此，我们仍然认为，在高等教育中应该更加强调这一点，因为在高等教育中将外语用于特定目的是一种工具，学生和未来的研究人员可以通过该工具获得其研究领域的最新信息。语言并不是一门所有专家都同意是非的学科。也没有一个由评论家或教授组成的法庭，有权或有能力一直解决有关语言的争议性问题。简言之，在语言世界中，没有公认的绝对概念。仅仅归咎于教育系统不合理，有时也是主观的。教育系统是一种载体，并不是我们对真实语言认知下降的原因。

　　的确，在我们的许多高等教育中，通过大规模的升学制度来防止精神懒惰的出现。因此，在教学中教学者都致力于让这种策略更深入人心。事实上，这样的做法似乎严重阻碍了智力的发展。学院因此被迫忽视其主要职能，即培养成熟的领导者，而倾向于履行小学和中学应有的基础教育职责。学校是我们社会的一个工具，它也应该是智力发酵的媒介。

　　如果我们的文化不希望创造理性的人，而是希望创造生产者和消费者，那么今天的大多数年轻人都无法进入工业或其他类型行业进行有酬就业。占用这些年轻人时间的最佳方法是一个重要问题，解决这一问题需要延长教育期。在我们看来，在现代社会中，延长教育日程可能是一项社会明智的事业。如果我们的教育体系要吸引这个国家的大多数人，它可能必须脱离通常的学术和职业学科。很明显，这种学校的概念是现实的。它只不过是在我们社会和像我们自己这样的自由国家的浪潮中，日益增长的全球化对工作场所中能够用多种语言交流的人产生了巨大的需求。学习外语的需求存在的时间几乎与人类历史一样悠久，现代语言学习可以追溯到17世纪，当时开始教授拉丁语，16世纪末让位于教授法语、意大利语和英语。直到18世纪，现代语言的研究才成为欧洲学校课程的一部分，它是基于纯粹的拉丁语学术研究（现代语言的学生做了很多练习，学习语法规则和翻译抽象句子；口头工作几乎很少）。外语教学的创新始于19世纪，并在20世纪迅速发展。最早的应用语言学家包括马内斯卡、斯威特。最后提到的语言学家是建立语言应用语言学传统的关键人物。较旧的方法——如语法翻译法或过去使用的直接方法——被与新的科学进步相对应的新方法所取代。通过这些方法，学生可以生成原创且有意义的句子，从而获得功能知识。

在我国，语言教育是普通学校科目或在专门的语言学校进行。有许多与第二语言习得理论相关的语言教学方法。它们指的是方法和技术。结构观点将语言视为一个与语法翻译和听力语言方法相关的结构要素系统。结构方法包括口语教学/情景教学。一种方法包括一个计划，用于呈现要学习的语言材料，该计划应基于选择性方法。教学系统的设计必须考虑教学目标、内容的选择和组织方式，要执行的任务类型，学生的角色，教师的角色。如今，混合学习将面对面教学与远程教育相结合，通常是基于计算机或网络的电子教育。这是过去几年英语教学中的一个重点。当谈论语言技能时，我们指的是听、说、读、写和使用特定语言；然而，学习技能和学习方式已被应用于语言课堂，根据年龄、所调查班级的知识水平以及某些人可能不具备的外语学习能力，结果各异。在外语教学中，小组工作为更多的学生提供了更积极参与的机会。这些活动也为同伴教学提供了机会。英语一直是一门带有浓厚经济色彩的学科，也许是因为英国最丰富的自然资源，在全世界以相当的技能和专业精神进行传播。英语早已成为国际关系和贸易、国际媒体和通信、国际商业以及某些学术界的主要语言。尽管视角领域高度多样，但正如"国际"的重复使用所反映的那样，它们以英语作为通用语或多语言之间的通用交流媒介而被标记。

在过去的十年中，从中国革命性的英语政策到澳大利亚英语的权威《麦觉理词典》的出版，以及从欧佩克到峰会的国际贸易和政治几乎完全英国化，英语的覆盖范围达到了惊人的程度。我们可以说，语言属于我们每个人，属于学习者，也属于教学者。

英语是一种通用语言。一种可以书写世界的语言的出现，是一个可以追溯到17世纪末的梦想的实现，也是全球意识本身的开始。语言由大规模的国际商务英语培训项目支持，包括教科书、语言课程、视频节目和计算机教学，对英国来说，英语的经济价值数亿英镑。英语不仅仅是科学界交流的重要手段，而且几乎无意识地提供了日常基本词汇。计算机程序中使用了许多不同的标准，并由此产生了术语。因此，许多演讲者甚至没有注意到他们使用的常用词实际上是英语单词。英语已经成为世界上许多人想要学习的一门外语。支持英语的一种基本力量是国际交流的需要和愿望。世界上讲英语的人越多，这种语言对所有社会就越重要。英语是"大众产业"的语言，这些产业包括新闻、广播、电影和电视。几乎所有为传播国际重大事件信息而举行的国际新闻发布会都将以英语进行。

现代化、技术变革和国际银行融资的需求仍然在很大程度上由英美公司控制，这是跨国公司使用全球英语的主要原因。许多跨国日本公司用英语撰写国际备忘录。在科威特，大学的语言中心主要教授英语，其中大部分是高度专业化的。在这种环境下学习英语的需求完全是商业性的。英语作为一种世界语言，其另一种难以捉摸的特质——它自己独特的天赋——支撑着它。今天，在全球各个国家中，英语可能比"黄金时代"以来的任何时候都有更多的表现力和地方色彩。无论是口头还是书面，它都提供了一种几乎具备无限潜力和惊喜的媒介。正如我们所看到的，英语作为世界各国许多人的第二语言，更有可能在未来不可避免的政治变化中生存下来。关于我国的外语教育系统，特别是英语的，研究人员和专业人员证实了语言系统的存在，这是我国教育的一部分。支持促进外语教育的主要政策论点是需要多语种的劳动力，以及更多地融入全球信息所带来的智力和文化利益。

总而言之，教育政策将第二语言习得纳入其主要策略至关重要。因此，外语教师和教授将思考、比较和理解动词置于教学过程的核心是可取的。同样重要的是，那些传授英语甚至任何其他外语的人和那些讲授语言教育的人应该鼓励学习者保持学习者自身的语言和文化身份。

大多数学习者可以通过学习和习得来发展他们的第二语言能力。至于哪种方式更重要，我们需要了解他们的学习环境。例如，我们的学生很少接触第二语言环境。因此，我们只能依靠有意识的课堂学习来提高英语水平。因为我们周围有一个汉语环境，我们有很多机会学习汉语口语及其应用。然而，第一语言的习得有助于第二语言的学习。

婴儿一出生，他们就开始对语言进行"研究"，因为他们具有与生俱来的习得语言的能力。如果语言的普遍性存在并且可以被识别，学生必须首先学习其他语言的普遍性，以便将其付诸实践。教师不应局限于课堂上的机械任务。如果学习第二种语言与学习母语有相同的特点，那么学生应该用他们所学的语言，在实践中测试他们在现实生活中会如何使用这种语言。从教学开始，教师应尽可能使用第二语言组织活动或进行社交活动。当开始要求学生生成第二语言时，教师应要求学生讨论"那个时间和那个地点"的事件。课堂上有许多相关的讨论主题。设计一些语言活动，帮助学生清楚地看到形式和意义之间的关系。有些活动要求学生使用语言来做事情，以确保学习者理解他们所听到或读到的内容，而有些活动要求学生使用口语来实现某些目标。在学生把英语作为外语学习的环境中，学生在课堂上相互学习和掌握语言的机会往往很少。在课堂上，应该用多少时间进行第二语言结构的正式学习和机械学习取决于语言学习的目的。在中国，学习者通常被困于处理大量单词。因此，有必要正视教授和控制第二语言结构。然而，仅仅进行两次活动来将这些结构放入长期记忆是不够的。有必要在一开始就为学习者提供机会，以便他们能够在可接受的生成环境中实践所学。此外，我们需要根据学生的个性进行教学。老师应该知道班上哪个学生内向或外向。内向的学生需要鼓励和轻松的课堂气氛。对于外向的学生，我们需要要求他们不仅要流利地说话，还要准确地使用语言。

在中国，课堂教学是实现素质教育的主要渠道。课堂教学从单纯的知识教学转向多角度的智能发展，将是外语教学的关键和发展方向。在最近的外语课堂教学实践中，我们采用了精确的教学方式，清晰地表达教材，教授学习方法和口语教学程序，这样课堂教学的效果会得到优化，从而教学效果就会很不错。

首先，以准确的方式教授教材，促进知识、感觉、意识和行为的统一。

英语是一个非常实用的学科，有自己的语言和教学原则。正确的教学意味着教师需要仔细思考这个学科，并确定每个班级在整个学科教学中的地位和作用。教师要明确目标、要求和难点，了解知识的逻辑结构，分析原有知识、难点和一般知识之间的关系，遵循学习的认知原则——"由易到难，由浅入深，由理性认知到熟悉"。只有这样，教师才能发现整个知识体系中最简单、最基本的部分，并将具体的认知、能力和学习目标导向这些部分。因此，如果我们知道课程的原始状态和学生目前的认知结构，我们可以按以下方式确定教学目标：好的教学要求教师很好地、深入地了解每节课的目标。不仅需要知识，还需要技能。根据课程的内容，不仅需要知识上的准备，也需要思想上的准备。为了能够使自己的教学适应学生的需要，教师必须根据实际和学生的现状来制定课程。此外，教师要找准新知识和旧知识的关系以及发展点，开创一种最好的问题情境，充分利用学生之前学习的已有知识，根据学生的认知水平来具体开展相关教学活动，兼顾知识的内在脉络，提高课堂教学效果。

其次，明确表达教学方法，这样可以促进学生思维能力的发展，学生通过思维的提升可以理解和掌握需要学习的任何知识。

因此，学生如果想提高智力技能，就必须牢牢掌握正确的思维方式和方法，这一点非常重要。学生正确思维能力的形成在一般情况下都会受到教师教学方法的影响。教师应明确表达出自己的教学方法，然后需要认真思考如何优化教学方法。在每节课上，教学都是多种教学方法的综合运用。无论教师主要使用哪种教学方法，还是采用哪种教学方式，都应根据教材和学生的实际情况以及每位教师的特殊情况来选择。一般来说，在课堂教学中，教师应选择有助于激发学生认知活动积极性和学生发展能力的教学方法。教师应该把激发学生的学习动机重视起来，从心底就认为这是一件非常重要的事情，严格遵守认知规律，启发学生理性，兼顾个人和整体，因材施教。

再次，教授学习方法，提高学生的自学能力。

教育的非常关键的一部分是教授学生学习方法和策略，而不是仅仅教授知识。教育是学习者从学习掌握知识到掌握学习的一种非常自然的跳跃过程。认知学习理论非常重视学习是否具有目标、时间表和策略。教师在绞尽脑汁考虑如何教学生的同时，也应该同样绞尽脑汁地考虑如何指导学生学习，这样学生不仅可以掌握知识，还可以掌握学习方法。外语不应该只是一种简单的语言知识的教学。实际上，这是一个通过语言的学习来进行的微妙的跨文化交流过程。教师要学会教学生运用已经学会的知识和经验解决英语语言问题，学会思考和学习。例如，在听力教学中，教师应该清楚听什么、大致意思、详细信息或语言表达。教师应明确目标和重点。教师还应该告诉学生如何评价和分析语言材料，如何划分注意力，以及是否忽略不相关的内容。教学过程的目的是帮助学生理解他们所听到的内容，学习听力技巧和方法。

最后，识别教学实践，提高课堂学习效率。获取新知识是一个主动获取和学习新旧知识的过程，识别新知识的潜在价值。

中国学生在其母语达到一定的熟练程度后开始学习英语。为了将学生现有的知识和经验与新的知识结构联系起来，教师需要有明确的教学思路，在课堂上有一个层次结构，明确地将新的语言技能纳入学习过程中。在课堂上，教师对学习目标有清晰的认识，优化教学方法，适当地引导学生学习，解释教学程序，并将学生迅速引入学习活动和方法。他们还培养学生的自我监督、自我评估和自我监测的能力，以实现母语教学的目标。

总之，我们需要研究中国语言教学的实际情况，结合中国语言学习者的特点，科学地研究语言过程、心理过程和教学过程，找到最适合中国语言学习者的语言教学模式，提高语言教学的有效性。只有拥有这些想法和概念，我们才能进行有效的研究。因此，中国的语言教学要建立在第二语言学习的科学基础上，这样才能尽快解决中国语言学习者面临的问题。

第二章　英语教育教学要素

第一节　英语教学理念

尽管英语是一种第二语言，但英语在某种层面上而言的重要性是足够值得深究的。在我国，英语教学的理念很有必要按照受教育者分为两个阶段来分析。中小学的基础英语学习阶段，教学理念一定是为应试所服务。换句话说，不能帮助学生升学的教学理念根本毫无意义。到了更高阶段的高校英语学习阶段，英语教学理念无可避免地走向专业性方向。基于此，任务型教学理念和个性化教学理念已然成为中国英语教学的主要选择。

一、任务型教学理念

任务型语言教学（Task Based Language Teaching，TBLT）是于20世纪80年代开始流行的一种新的语言教学理念，是以交际语言教学为基础的。它体现了教学中为实现交际目标而进行语言知识训练和语言技能训练的具体步骤和方法，是把语言应用的基本概念问题转化为具备了现实意义的教学理念。在这种教学方法中，教师制定明确、具体和可实现的任务，与具体的交际和语言项目相联系，学生通过说、听、交流、谈判、联系和其他多语言活动来进行学习，以掌握语言。

进入21世纪后，"实践至上"的教学理念几乎指导着中国的基础英语课堂教学，并在中小学的英语教学中已经得到了非常广泛的应用。教育部的《英语课程标准》公开表示非常支持这项有意义的学习方法。根据中外教育学家交流后制定的《英语课程标准》提到，所谓基于任务的教学包括以特定的任务作为学习动机，将完成任务的过程作为学习过程，并通过展示完成的任务（而不是考试结果）来展示学习成果。学生具有属于自己的主动学习的动机，并主动运用语言来完成实践，在具体的操作中会自然而然发展他们的语言能力，从而促进语言能力的提升。

中国英语新课程提供了一种基于任务的学习方法，考虑到中华人民共和国背景下母语者的需求和英语小学课程的价值取向，并借鉴了国内外英语教师的成功经验和英语教学理论家的研究。这种教学方法可以说是一种应用型教学方法，换句话说就是"中学教育中的应用学习"，其目的是应用和利用核心科目。这是一种符合新课程的教学理念，有助于教学实施。

对于基础英语教学来说，任务型教学理念至少具有以下三个特点。

（1）中心的使命是，不为此目的而实践某种毫无意义的语言形式。

（2）任务的本质是解决一个沟通问题，这个问题应该与现实世界相联系。这种联系必须是实实在在的，并且贴近学生的生活、学习经历和社会交往，这样才能与他们建立联系，吸引他们，从而产生积极参与的愿望。

（3）任务的计划和执行都是为了完成任务，即解决沟通问题。任务的结果对于评估任务的成功具有决定性意义。它还能让学生进行自我评估并感受到成就感。在基于任务的语言教学中，教师应该从学生"学习"的角度来计划活动，使学生的学习活动有一个明确的目的，并形成一套完整的活动方案。教师提供的不同任务结构为学生提供了获取或学习知识的机会，将重点从语言本身转移到学习语言上。这使学习语言，不仅仅是获取知识，而且是通过任务获得知识。掌握语言的整个过程变得越来越主动和自主。

二、个性化教学理念

不同的学科从不同的视角对"个性"进行了解读。从心理学的视角看，个性是指个体精神面貌的全部内容，是个体在独特的生活道路中形成的不同于他人的稳定特征，反映了人与人之间的个别差异。因而，心理学借用个性代表心理活动。心理学认为个性是一种心理现象，同时也认为是一定的言行。所以，个性包含了行为与心理两方面含义。一方面，心理学这样解释个性："个体特有的特质模式及行为倾向的统一体。"另一方面，心理学又将个性看作一个独立个体的心理内部表征。

需要注意的是，心理学中个性和日常生活中关于个性的习惯性用语的理解有所不同。在日常生活中多是从伦理道德的角度出发以"个性"对人的行为进行评价，这不是从人的全部行为的心理方面来说明人的个性的特点，因而日常生活中理解的"个性"有别于心理学理解的"个性"。哲学的个人视角与心理学的个人视角不同。在哲学中，人格始于人的世界观，它是理解人的本质、人在宇宙系统中的地位以及社会进化中人类人格历史发展和变化的一般规律性的条件。换句话说，就是主体和客体之间的关系问题。哲学意义上的人格，更多的是研究一个事物与其他事物的一般区别，以及平等与个性的共存问题。人格是一个复杂的概念，有不同的层次和层面。抽象意义上的"人格"包括以下几个层面：每个人的尊严和人格，每个人在不同方面的独特性，包括身体和心理，以及每个人的自我表达和创造能力。

个性是一个整体性和个体性、统一性和稳定性、多样性和生物及社会限制的共同体。在"整体性"观点中，人格是一个系统中许多元素的总和，是构成整体的许多方面和品质；在"个体性"观点中，人格是使一个人成为他或她的本质。

因此，教育学中的个性是个体独特性整体之和，由多种素质综合形成的一人区别于他人的稳定特征。故而教学活动作为教师和学生独特个性的展示和生成的重要场所，需要在教学中从教师和学生的个性出发尊重教学中每个个体，观照个体的需要。在教学中，其要点就是以尊重每个体的尊严和存在为前提，尊重学生的个别差异，从而以个性化教学体现对学生个性差异的尊重，这正是个性化教学的重要体现。同时，教学过程中的另一个主体是教师。教师作为有个性的人，他们之间也存在个性差异，也就是说，个性化教学也包括教师个性化地教，而个性化教学的最终目的也是满足学生的需要。

学生由于存在个性差异，因此存在不同需要，个性化教学就是要在教师个性化的教学中满足学生个性化的学的需要，使学生的身心健康，并能适应社会需要。富有成效的个性化教学是能够满足教师的精神和物质需求，特别是教师的情感需求、道德需求，以利于教师的完满发展。对于学生来说就是满足学生个性化学的需求，从学习目标、内容、方式方法到评价等整个教学过程都适合于学生个体的需要和特点，有利于学生身心、知识、能力和情感的健康发展。

结合以上论述，本研究认为个性化教学的含义可从两个方面来理解。

（1）基于教学目的角度而言，个性化教学是一种以彰显师生个性为目的的教学。这一理解至少包括三个方面的含义。

第一，个性化教学不等于个别化教学。根据《现代汉语词典》的解释，个别化不仅强调单个的，如个别辅导，还强调少数的、少有的，如个别情况。可见，个别化教学强调的是教学对象的单一，或某特定部分的学生，而个性化教学强调的是学生的个性需求，尤其指所有学生的个性需求，而不是单个或某特定部分学生的个性需求。因为，教学是面向所有学生的，而不是面向某部分特殊学生。然而，个性化教学虽然不同于个别化教学，但包含个别化教学的某些基本因素。个性化教学就其满足学生个性需求的角度而言，其最终关注点就是个别性的，这在"异质教学"四理论中能得到很好的解释。

第二，个性化教学并不是个体化教学。根据《现代汉语词典》的解释，个体化强调的是事物的单一性、独立性和完整性。可见，个体化教学更注重的是一对一的教学，如古代的家庭教师就是对孩子进行一对一的指导，强调的是对象上的单一性和独立性，而个性化教学更多关注的是个体的差异性。

第三，个性化教学不反对集体教学。由于个性化教学既不同于个别化教学所关注的少部分特殊学生的发展，也不同于个体化教学所关注的单个学生的发展，个性化教学关注的是所有学生的个性化发展，因此，个性化教学并不反对集体教学。比如，在小班化教学中，教师的有限精力能够分配到个体学生上的比例相对大班教学的来说要高些。可见，个性化教学并不在乎是一对一的教学形式，还是一对多的班级授课形式，其关注更多的是如何根据学生自身的个性需求制订符合学生自己的个性特点的个性化教学计划，以助学生得到个性化的发展。

（2）基于教学主体角度而言，个性化教学是指教师以自身个性为基础的教和学生以自身个性为基础的学的双边统一活动。这一理解同样可包括三个方面的含义。

第一，个性化教学仍是教师教和学生学的双边统一活动。在数字化媒体进校园的背景下，传统的教学模式仍会被采用，但是作为一种完整的教学活动，其主体不能缺失教师和学生中的任何重要一方，否则，教学不能称为教学。因而，个性化教学仍是教师的教和学生的学的双边统一活动。在个性化教学中，教师和学生仍是互相依存的必要主体。

虽然，个性化教学可能因为教学条件的变化而有一些形式上的变化，但是教学过程仍然不能改变传统模式，即教师教和学生学的双边统一活动这一实质。个性化教学，以教师个性化的教和学生个性化的学作为手段，双边统一于学生的发展。因而，个性化教学的宗旨是统一于学生的健康且完满的发展。特别是对于学生个性的培养具有重要的作用。在我国传统教学过程中很少注意对学生的个性及独立人格的培养。随着世界课程改革潮流的到来，在课程教学的领域，美国的艾斯纳提出了表象型目标的说法，这种方法充分考虑到个体差异，强调个人发展和创造性表达，以及每个学生的主体性和自主性。个性化教学涉及教师在教学过程中的个人准备，引导学生在学习过程中的个人学习和个人发展。其不仅实现学生在童年期、青春期个体能力、个性的发展，更期望通过个性化教学帮助学生形成以利于其终身学习的稳定的个性。

第二，教师的个性是教师的个性化教的基础。个性化的教的时代非常注重教学中实现教师的个性化教学。创造条件，实现教师个性化教学是学校教育首要思考的问题。由此出发，解放教师的个性和教师个性的完满实现，要做到：教师教育观念的更新、教师科研的促进和个性品质的引导。观念指的是人们对事物或认为在通常情况下的一般看法或认识，它可以对人们的行为活动产生决定性作用。教师的教育观念是教师对教育现象和问题的认识和看法。这些教育现象和问题包括教育目的、内容、过程、评价等过程的总体的认识和看法。教师教育观念有全面、系统和局部、零散等不同的层次之分。而有效的有个性的教师教学应该是全面和系统的。因此，教师的教育观念应该与时俱进，在符合现代社会的特点和需要的基础上，合理地继承和不断地更新是当代教育发展的必然。教师既可以通过自学提升教育观念，也可以参加学校、地方或国家组织的继续教育提升教育观念。在教师教育观念提升的过程中，科研对教育观念践行有巨大的促进作用。

教师在教学过程中应把实践和研究结合起来，丰富教师成为研究者的这一概念，成为实践者与研究者的统一。对于教师成为研究者这件事更多的是我们要提倡教师好好做科研，发表领域内的文章，其目的不是创造或者发现新的理论，而是在科研中发现解决自身教育教学过程中的问题，达到提高教师个人素质和促进学校发展的成效。教师在教育教学中对自身教学进行反思和采取行动，把握教育因素之间的互动关系，丰富教育教学生活意义，从而实现教师的专业自主发展。教师的素质不可避免地影响到学生，特别是在精神世界方面。因此，教师提高自身的个人品质，有利于教学效果提升。现代心理学认为个性品质是人的一种整体的心理素质问题，也是个性的心理特征问题。教师的个性品质主要是指教师在教学过程中体现出的整体的素质。

这个整体素质就是教师教学效果出现差异的重要原因之一。因为，这个素质是由教师的人生观、世界观、认知、兴趣、情感、态度和需要等构成的。拥有良好个性品质的教师，能够在教学中以独具魅力的教学吸引力，达到良好的教学效果，增加学生的向师性，最终实现个性化教学。

第三，学生的学建立在学生自身个性的基础上。教学活动是教师教和学生学的双边统一活动。教师个性化的教要适应学生个性化的学。学生的个性化学习是当代国际教育改革的核心要素。

个性化教学是对等的：教师根据自己的个性进行教学，而学生根据自己的个性进行学习。学校尊重和利用学生的学习欲望，强调学生个性的和谐发展，支持他们通过教育学习充分发展个人的愿望。我们用各种方法激励学生进行独立思考，让学生主动通过各种自己的方法学习知识，以确保知识、技能和个人发展之间的协同作用。英语教学是一种高质量的语言和文化教育，旨在培养学生的交际能力，以便用英语交流知识。由于学生的知识结构、兴趣爱好、学习能力和性格各不相同，教学中应根据学生的性格特点，提高学生学习英语的积极性，实现学习效果的递进。中学英语个性化教学强调师生之间的平等，师生之间的交流和互动形成了学生心理和思维的和谐统一，形成了英语教学的螺旋式提升过程。教师可以使用各种教学策略和工具，鼓励学生独立学习英语，并通过不断的探索和实验逐步提高他们的技能。鉴于此理解，英语个性化教学主要具备如下六个方面的特征。

（一）多样性

个性化教学不是指个别或者个体的教学，也不是否定大班集体教学，而是指关注每个学生的需求和学习特点，通过多样性的教学方法，挖掘和调动学生的学习动机，实现学生有效的学习效果，促进学生的发展。因此，可以说，大学英语个性化教学会把学生的个性特点、兴趣和学习需求作为依据，从而设计多样化的教学活动。大学英语个性化教学的多样性主要体现在两个方面：一是"教和学"的多样性。大学英语在教学时一定要注意永远不可以只是一种教学模式、一种学习方法、一种学习动机、一种教学大纲、一种教材、一种测试方法，甚至一种英语供学习。我们不能只是追求一个又一个统一、规范的大纲。大学英语虽然特别重视的是个性化教学，但是也不能随意，这是应该去规范的、去统一的。具体来说，大学英语个性化教学应在教学目标、教学设计、教学方法、教学评价上都按照学生个性特征和学习习惯以及学习需求进行个性化的多样化的设计。二是培养大学生的英语技能的多元性。大学英语不仅要求学生简单掌握一些英语知识，更应该着重把大学生的跨文化的英语交际能力培养起来，如听、说、读、写、译等方面的能力。其中，最值得强调的一点是每个大学生在这些方面能力的发展不是均等的，由于学生个体的兴趣和追求不同而有所侧重。因此，从个性化教学角度来说，大学英语教学过程中应把培养大学生诸多能力和侧重发展学生的个性特长有机统一起来。

（二）个别性

虽然前有述及个性化教学不等于个别化教学，但是个性化教学也有涉及个别化教学的因素，而且个别性还只是个性化教学的主要特征之一。在大学英语个性化教学过程中，常常要根据学生的个性化需求进行个别化的指导和帮助，而且这种对个别学生进行有针对性的指导也是整体提高教学质量的重要表现，它自己本身就在反映大学英语教学在满足学生个性化需求方面的基本事实。当然，大学英语个性化教学的个别性特点，不是告诉我们必须对大学生进行一个一个地教，而是告诉我们当学生有个性化需求时，应该对其进行单独指导和帮助，否则难以真正实现该学生学习英语的价值和意义。这就告诉我们，大学英语教师在准备教学内容和组织课堂教学时，应该充分发挥其教育教学机制，善于通过教学诊断发现学生的个性化需求，从而进行有针对性的教学。

然而，现实教学中，为了整体提高英语教学质量，多数教师都采取的是重点抓占比约80%的中等学生，而对约占10%的优等生和约占10%的后进生关注不够。这是典型的大众化教学现象，不能充分关注学生个性化需求，尤其优等生和后进生的特殊需求。教学实践中若能对有特殊需求的学生进行个别性的指导，则能更好地发挥这部分学生的个性特长。这也是真正体现个性化教学的核心所在。

（三）针对性

关于大学英语个性化教学的针对性，我们可从下列五个方面进行理解。

其一，大学英语个性化教学的针对性源于受教育者的差异性。针对性是指教学内容和教学手段要和教育对象特征以及需求相互吻合，对他们而言是能够接受的、能够践行的手段。

其二，大学英语个性化教学的针对性是对一刀切的否定，即要求教师根据不同的文化背景、个性特征，灵活运用适合学生个性的教学方法。教学的内容、教学和学习的方法、评价的方式都要根据不同的学生展开挑选，需要参照学生学习的基础以及学习的能力，把学生划分成多元层面，层面不同，设计的教学目标以及教学活动等也存在一定的偏差，细致划分教学活动的所有流程，促使不同层面的学生都可以融入教学活动当中。针对性教学成为个性化教学的"有米之欢"。

其三，大学英语个性化教学的针对性还要求根据不同学习风格学生的特点进行施教。学生学习风格不同，在展现外部信息采集、体会新消息和加工处置并应对难题的手段上都有很大偏差。这在某种意义上对部分教学手段以及举措的选取和认可有很大影响。学习风格理论帮助教师认识到学生的个体差异，并制定策略来调整教学，促进有效学习。一方面，为学生提供符合其学习风格的激励措施很重要，另一方面，还要掌握学生学习风格的缺陷以及不足，制订合理的规划、举措来应对。只有这样，才能真正做到因材施教，切实地提高教学效率。所以，在大学英语个性化教学课堂中，在具体的实践操作中，教师必须学会把握并且彻底了解学生总体的学习风格并对其认真分析，这有助于合理地挑选教学手段和举措，充分激发所有学生学习的热情和活力。除此之外，教师还需要协助学生剖析学生自身的风格特征，促使学生利用自己的长处来开拓学习方式和手段，这有助于合理地挑选学习举措，补充以往风格存在的缺陷。

其四，大学英语个性化教学的针对性和我们知道的传统意义上的因材施教还是有很大的区别的。因材施教主要是对每个人来强调，主要面向的是全体学生，但是关注学生的不同需求和风格。大学英语个性化教学的针对性是传统的结合教材进行教育在现如今的教育环境基础上的进步，指引现今的教学理论和实践活动，并且意义重大。在大学英语个性化教学实践中，针对性特征既关注个体学生的差异性，又指向全体学生的不同需求。

其五，大学英语个性化教学的针对性除了英语文化本身的因素外，还应兼顾不同专业的学科特点。不同专业的学生在学习大学英语这门课程的需求是有差异的。这就要求大学英语必须针对各专业的特点进行有针对性的教学。

（四）差异性

差异性是个性化教学的重要特征之一。不同学生之间的差别主要从智力以及心灵和性格以及兴致和能力等层面体现。不同学生智力存在差别，就算智力相同，他们的分数框架也会有所差别。不同个体在一般能力方面，例如注意力、记忆能力，体会、想象等能力，在那些特殊才能方面，例如文学、艺术和科学等，存在一定偏差。学习兴致的差异使结果也存在偏差，心理区别也会使评判产生差异。不同学生的个性差别最为显著的就是性格方面的区别，我们可以结合实际态度以及活动的意志等层面加以判定。所以，换言之，不同学生本身就存在很大的偏差，我们不能忽略他们在智力方面的区别，也不能假定他们的智力是相同的，但是我们可以尽可能地激发每个学生发挥自己潜在的智力。在教学实践中，根据学生的具体智力特点进行具体施教，使教学有自己的风格，形成差异。个性化教学应该是理解差异、形成差异和解决差异的教学。鉴于对学生个性差异的认识，我们认为大学英语个性化教学的差异性主要表现在四个方面。

首先，大学英语个性化教学的对象具有差异性。对于不同接受程度的人来说，差异性会越明显。我们都知道，教学中有两个发展水平，一个是现有发展水平，一个是潜在发展水平。对于大学生来说，由于各自的英语基础不同以及对学习英语的期望不同，因此每个学生的最近发展水平也不同。比如，有些学生擅长英语阅读、有些学生擅长英语写作、有些学生擅长其他方面的英语技能等。因而，为适应学生个体差异设计教学任务就是体现个性化教学的差异性之处。

其次，大学英语个性化教学所涉及的学生专业方向存在差异。由于大学英语的教学对象是来自各个不同专业的学生，其各自的专业特性和所涉及的英语知识都是不一样的。针对不同专业的实际情况、结合学生的个体需求进行的教学，体现的就是个性化教学的差异性。

再次，大学英语个性化教学涉及的教师教学风格具有差异性。不同的教师由于成长经历、文化背景以及对教学的理解不同，形成了各自不同的教学风格。教师的这种差异性的教学风格是教师实施个性化教学的基础。

最后，大学英语个性化教学的差异性是建立在师生人格平等的基础上的。虽然我们主张大学英语个性化教学是充分尊重师生在教学过程中的个性差异，但是并不意味着师生在人格上的不平等。一方面，师生在人格上的平等是教师开展教学活动的根本性前提，这是对学生作为独立人格发展的充分观照，任何教学活动都必须遵循；另一方面尊重学生个性差异，让每个学生都能得到应有的个性发展，这本身就是一种特殊平等。

（五）诊断性

诊断性是大学英语个性化教学的又一重要特征。教学诊断，是教育专业人士和学校内部为了促使教学和学生的需求以及基础状况相互吻合，评判教师的教学状况以及学生完成教学目标需要具备的基础。借助诊断，制定一个优化教师的教和摒弃学生学习阻碍的教学手段。显然，大学英语个性化教学过程中，通过教学诊断能较好地把握学生的个性化需求，这是实施个性化教学的基本前提。此外，现代数字化信息技术的运用，为大学英语个性化教学的诊断环节提供了有利条件。比如，在大数据剖析的网课平台基础上，能够实时追踪学生的学习流程，了解学生的学习风格以及特征，展开有目的的指引和协助。所以，大学英语个性化教学能够运用数字科技完成。尽管现代信息科技有助于个性化教学的开展，但是科技的利用以及个性化教学的践行和教师发挥的主导功效是紧密关联的。

（六）交际性

人们交往的关键工具就是语言，语言最根本的功能和性质就在于交际性。快文化交流是大学英语教学的关键内容。积累跨文化知识，是外语教学的关键。并且语言也是文化的载体和关键的展现方式。因此大学英语课堂教学富含浓烈的文化特点。2007年7月出台的《大学英语课程教学要求》提到：大学英语课程不单单是语言基础知识课，更是知识的开拓、熟悉世界文化的素质教育课。所以，制定相应课程的过程中需要思考对学生文化素养的培育以及世界文化知识的传输。

个性化教学当中，语言和文化是不可分的。要凸显教学的个性化，我们在文化适应性上需要达成以下相同的认知：一方面，文化知识和适应能力是交往能力的关键构成；另一方面，语言交往能力本质上是更深层次的获取文化知识的基础。要实现学生个性化需求和各学科个性化需求的教学，融入文化特征的教学活动才能具有真实交际意义。

第二节　英语教学方式

对英语教学的研究和理解应该建立在三个主要层面上，即本体、实践和方法，每个层面都有其特定的研究目的和内容。这些包括教学的学科和科目、课堂实践以及教学的条件和方法，即教师、学生、教室、学习环境等。

关于目前的教育状况，最经常讨论和争论的是关于英语教学方法的定义。在英语语言学的历史上，关于英语教学尚未有明确定义，所以很难找到一个与英语完全相符的定义。虽然这些术语在中文中有所不同，但一些学者甚至专门写了文章，解释诸如语言教学方法和学习方法之间的区别。然而，研究的内容基本相同，涵盖了与英语作为第二语言的教学方法、方式、途径、手段和技巧有关的问题。

而自由度比较高的基于第二语言获得的教学方式在数次的改革实践中已经证实不符合基础阶段的英语教学。下文对两种教学方式进行具体阐述。

一、基于自主评估的教学方式

今天的教育者被鼓励通过激励学习者自我调节和自我投资学习经验来培养学习者的自主性。为了更有效地进行学习，学习者应该参与自己的学习过程。建构主义的支持者将大部分责任从教师身上转移到学习者身上；他们不再认为教师是课堂上用勺子喂学生的中心人物。与这一趋势相一致，当前提倡翻转课堂教学法、个性化学习、动手学习和独立学习等概念。作为回应，在评估领域，建议采用其他评估方法，以提高学习者的高阶思维能力。已经出现了更多以学习者为导向的评估方法，如协作评估、同行评估、基于项目的评估和个人评估。在整个学习过程中，教师应积极参与并让学生持续参与评估过程。自我评估（Self-Assessment，SA），是近年来吸引了越来越多从业者的以学习者为导向的评估方法之一。在1961年，随着《拉多语言测试》的出版，SA才出现在第二语言习得（Second Language Acquisition，SLA）领域。由于最初将语言视为一组离散的元素，因此语言评估是从结构上进行的，然而，后来的心理语言学和社会语言学方法创建了综合性全球测量方法。随着建构主义的出现，重点从终结性评估和学习产品转向形成性评估和教学过程。根据建构主义者的说法，知识不是由学习者获得的，而是由学习者构建的，因此，教师应该让学习者对自己的学习进行自我投资，并训练学习者评估自己的学习过程以及学习产品。1976年，心理测试取代了教育评估，以学习为目的的测试成为教育追求的主要目标之一。从那时起，替代性评估就被用作一种手段，使课堂上的学习更有意义。一方面，帮助老师探索学习者已经学到了什么，他们还没有学到什么。另一方面，是"用于给出分数或满足外部权威的问责要求"的评估。在各种替代评估模式中，自我评估和同伴评估近年来受到了更多关注，因为它们似乎影响了学习者的独立性和自主性。

SA 让学习者有机会专注于学习，管理自己的进步，并找到改变、适应或改进学习的方法。让学生参与 SA 的某些目的是增强他们的学习和实践，帮助他们进行学术自律，并监督和管理自己的学习。然而，由于缺乏对目标语言的接触，外语学习者很难自我评估自己的学习情况。尽管 SA 通常被认为对学生的学习有积极影响，但学习者对自己的工作和能力的不准确认知可能会造成严重后果，例如低估自己的真实成就、感觉不称职和跳过课程，通过计算正确答案的数量。其他人认为这是一种定性和有效的学习和评估方式。另一方面，以发展为导向的 SA 是一种以学习者的进步为重点的形成性评估。它鼓励学生反思他们的工作和学习质量，判断他们在多大程度上反映了特定的目标或标准，认识到他们工作中的优势和劣势，并回顾他们的工作。此外，面向发展的 SA 为学习者提供了前沿而不是反馈。虽然反馈有助于学习者以有意义的方式使用学习材料，但如果评估与反馈意见相联系，并为学习者提供改善其未来学习的信息，则可以得到更好的反馈。

二、基于第二语言获得的教学方式

第二语言习得理论总结起来共有八个方向：行为主义、文化适应、普遍语法假设、理解假设、互动假设、输出假设、社会文化理论和连接主义。这些因素在教学实践中形成更大的影响。

行为主义产生了一种刺激反应（S-R）理论，该理论将语言理解为一套结构，将习得理解为一种习惯形成，忽略任何内部机制，考虑到语言环境及其产生的刺激。学习是一种可观察的行为，是通过机械重复形式的刺激和反应自动获得的。因此，习得一门语言就是习得自动的语言习惯。行为主义削弱了心理过程的作用，并将学习视为从学习者所处环境提供的示例中归纳发现规则支配行为模式的能力。除了发音和公式的死记硬背之外，几乎没有任何作为第二语言习得解释的承诺。这种语言学习观催生了对比分析的研究，尤其以第一语言对目标语言的干扰为主要焦点的错误分析。它也催生了中介语研究，因为第一语言和第二语言之间的简单比较既不能解释也不能描述 SL 学习者所产生的语言。中介语研究是从其他第二语言习得角度出发的，因为该领域关注的主要是语法语素或特定语言结构的习得。

　　第二语言习得是文化适应的结果，其定义为"学习者与目标语言（TL）群体的社会和心理融合"。文化适应模型认为，如果学习者与第二语言使用者之间的社会和精神距离较小，学习者将在第二语言中取得成功。

　　环境视角的对比，是一种人类天生的禀赋，每个人在生物学上都被赋予了语言能力，即语言习得装置，它负责语言发展的初始状态。来自环境的输入不足可以解释语言习得。从同样的角度来看，如果结果证明第二语言学习者获得了无法从输入中归纳出来的抽象属性，则强烈表明第二语言习得理论约束了中介语语法，这与第一语言习得的情况类似。

　　关于语言是一种天生的能力的假设的影响。理解假设提出了一个有影响力的建议，强调学习和习得之间的对比，以解释第二语言习得。先将其命名为监控模型，然后将其称为输入假设，重点关注为获取提供支持的数据，最近，理解假设强调心理过程对获取负责。理解假说与其他假说密切相关。理解假说指的是潜意识的习得，而不是有意识的学习。为习得者提供可理解的输入的结果是语法结构以可预测的顺序出现。强烈的情感过滤（如高度焦虑）将阻止输入到达大脑中进行语言习得的部分。此外，与迄今为止讨论的其他理论一样，理解假设理论并没有超越语法结构的习得。

　　在母语和非母语者之间的对话中，与母语者提供的输入相比，互动中的修改更多。为了意义而进行的谈判，特别是在一般情况下就更有能力的对话者触发互动调整的谈判，有助于习得，因为谈判将输入内部学习者的能力，特别是选择性注意力，互动主义观点比其他理论更为有力，"因为它们引用了先天和环境因素来解释语言学习"。

　　练习语言有助于学习者观察自己的产出，这对第二语言习得是非常重要的。输出假设方面的论点是，输出很可能会刺激到学习者从理解中普遍存在的语义，开放式而不是确定性、策略性处理转向准确生成所需的完整语法处理。学习者可能会注意到他们想说的话和他们能说的话之间的差距，由此他们认识到自己不知道的东西，或者知道自己只知道一部分。

"注意"对第二语言习得至关重要，并假设输出具有其他两种功，即测试假设和触发反思，这是一种元语言功能。学习者可能只是为了看看什么有效，什么没有效，他们在谈判意义时会反思自己所产生的语言，因为谈判的内容是他们试图表达的意义和语言形式之间的关系。

基于维果茨基思想的社会文化理论（Sociocultural theory，SCT）认为语言学习是一个社会中介的过程。调解是一项基本原则，语言则是调解社会和心理活动的文化产物。从社会文化的角度来看，儿童的早期语言学习是起源于与特定文化的其他成员合作的活动中的意义创造过程。事实上，个人是从社会互动中产生的，因此从根本上来说个人始终是一个社会存在。在社会世界中，语言学习者观察他人使用语言并模仿他人。也正是在其他社会行动者的协作下，学习者才能从一个阶段过渡到另一个阶段。这里借用维果茨基的一个主要概念"脚手架"，这个概念被理解为一个学习者从另一个人（例如老师、亲戚、同学）那里获得的帮助。

连接主义试图从心理表征和信息处理方面解释第二语言习得，同时拒绝先天禀赋假设。尽管存在普遍的行为，但这并不意味着它们直接包含在我们的基因中。任何学习都被理解为神经网络的问题。网络在并行分布式处理中学习，其中连接被加强或削弱。语言学习被理解为对经验的处理和使连接加强的经验的重复。个体的神经系统在其初始状态下具有高度可塑性，在第二语言的情况下，低显著性的形式可能会被先前的第一语言经验所阻挡，世界上所有额外的输入可能不会产生进步。

与行为主义的线性相反，连接主义预设一些心理过程可以并行或同时发生，并且知识分布在各种相互联系之间。简单的学习机制，在作为社会环境一部分的语言数据的作用下，在人类的感知、运动和认知系统中运行，足以推动复杂语言表达的出现——计算机语料库。在第一种情况下，研究人员创建了人工网络，为其提供语言输入，然后将其输出与人类输出进行比较。

第三节　英语教学价值

教育的价值是指教育作为一种方法的效用或作用，以及它在满足社会和个人行为者的需求方面的质量；它是教育与行为者之间关系的一个范畴。如果一门学科没有需求，那么教育即使有丰富的品质，那也只是教育的一种属性，是一种客观存在，对学科没有价值。如果教育满足了社会学科的需要，教育的价值就体现为社会价值；如果教育满足了个人学科的需要，教育的价值就体现为个人价值。它们在本质上是统一的，而作为纯学习的教育既没有社会价值，也没有个人价值。

主体需要是教学价值形成的主观前提，教学属性是教学价值形成的客观条件，教学属性能够满足主体的需要是教学价值形成的实质。教学活动作为一种复杂性的存在，既是文化存在，也是社会存在，更是人的精神活动的存在，其本身具有"不确定性"的教学属性。这些属性可以给社会带来经济价值、政治价值、文化价值等，也可以给个人带来知识价值、文化价值、方法价值、科学价值、审美价值和品格价值等。教学属性是多元化的，会随不同历史时期，不同的国家、民族而发生变化。

正因为教学属性是客观多元化的，它才有可能性，才能不断地满足价值主体的具体需要。这些教学属性是教学价值得以形成的客观条件。教学所具有的属性，并不能自身产生价值，而是在和社会主体、个人主体发生联系，满足价值主体的需要时候，教学价值才会最终形成。根据教学价值特点和英语学科满足社会和个人主体需要的要求，英语教学价值体现在以下几个方面。

一、语言知识和应用技能价值

语言知识和应用技能是英语教学的基本目标，没有语言的基本功，语言内涵的一切是无法领会、掌握和转化的，前者是后者的基础，后者是前者的目的。一方面，语言知识和语言技能是语言运用能力的有效载体，必须加以重视。抛开语言知识的牢牢掌握和言语技能的获得来谈语言综合运用能力的培养，无异于"竹篮打水一场空"。因此，对过去一些行之有效的教学方式方法，就应该继续秉持，比如听写、默写、背诵等。另一方面，学习语言知识、获得语言技能的出发点和归宿是使学生获得综合运用语言的能力，它必须服务于、服从于学生语言运用能力的培养。从这个意义上来说，教学不能仅仅停留在知识教学的层面上。

二、文化意识价值

语言是社会、文化的符号和载体，这就好比一面镜子，就像不同民族的语言反映和记录了有不同民族特征的相关的文化风貌。基于跨文化交际者必须是精通目标语国家的语言文字及文化者，这种精通需要时间和生活经验的积累。由于英汉两种文化意识价值的差异、翻译过程的损失以及英语语言本身的动态发展等，诸多方面都可能使跨文化交际产生障碍与失误，因此我们不仅要学会尊重不同语言的使用特点，而且应学会运用不同的文化。在跨文化的具体交流中，我们应该非常熟悉相关的语言特点以及文化背景，牢牢把握时代脉搏，锻炼语言转换技巧，从多方面、多角度考虑语言的交际效果和交际方式，才能更有把握准确地理解和使用英语，达到跨文化交流的目的。

语言是沟通的有力工具，语言是实现我们日常目标的有力工具。它是传递信息、哲学和情感的有力工具。语言和话语集合、合法化和组织知识、公共关系和组织。无论是书面的文本还是口头的文本都是一个多维结构，就像"胶合板"一样分层。文本由语法、词汇、形态学、音韵和语义组成。然而，在语法的基础上完全掌握文本知识是不可能的。只有词汇项目、主语–动词一致性和时态不能指导文本的理解。基本上，这是一种跨学科的交流研究方法，将语言视为一种公共实践形式，重点是研究通过书面和口头形式再现社会和政治统治的方式。作家和演讲者的观点、文本和口头交流的历史背景和社会背景非常重要。语言学习者一直在接触一种新的语言和文化。有时，他们会将自己不熟悉的思想和价值观传播给自己的文化。在缺乏学生批判性思维的情况下，教学者可以根据学生的风格塑造他们的思想和心灵。

三、语言意识价值

语言意识是学习者通过对使用中的语言给予积极和有意识的关注以发现其模式而逐渐发展起来的一种心理和内在能力。批判性语言意识源于它，它也是一种教育方法，帮助学习者理解语言的功能以及语言是如何工作的。语言意识方法的主要功能是让学习者"自己发现语言"。一方面，语言意识不是一种明确的教学方式，也不是由教师或书本教授的，而是由学习者自己培养的。语言意识的重要方面是它有助于培养学习者的调查精神。因为学习者在学习过程中投入了他们所有的精力和智力。另一方面，学习者可以通过关注不同的语言特征来区分自己的表现和作家的表现。这方面培养了学习者更多的意识，他们准备好获取更多的语言特征，因为这些特征在他们的眼中变得更加突出。

第四节 英语教学评价

评价一般涉及确定物体的价值，包括描述物体的质量和数量并在此基础上确定价值。它是一种评估物体满足企业需求程度的估价活动。当估价被应用于教育时，教学和教育估价就会出现和发展。

评价是一项有目的的活动，包括收集相关信息、解释这些信息以及做出教学决策。在过去，关于第二语言评估的讨论，特别是在涉及考试时，通常集中于对学生的决定——他们的安置、晋升和认证。当然，这些是进行第二语言评估的重要原因，但它们并不是唯一的原因。事实上，大多数教师所做的决定都是关于如何以及何时教授特定目标的教学决定，关乎个人或学生群体的教学需求，教学目标和计划的适当性，甚至关于学生的决定也常常需要对教学做出选择。例如，决定让特定的学生进入一个班级或提升学生进入下一个班级水平会影响课堂的组成，并可能改变该课程的教学计划。

关于评价的许多讨论也集中在学生成绩的评估上。如果评估的主要原因是对学生做出选择，这是有意义的。然而，做出关于教学的决定需要的不仅仅是学生的学习成果。他们需要了解学生的需求、目标、偏好以及对学校和学习的态度。这通常是基于学生先前的语言、教育和文化背景。他们使用有关目标和教案的一致性、教案和教师资格之间的契合度以及教室或学校的可用资源等信息。他们需要了解当前的研究和对第二语言教学的思考。

第二语言课堂上出现的许多决策所需的信息范围无法从任何一个评估程序中获得。需要各种方法收集评估信息。对测试缺点的误解产生了对替代评估方法的大量讨论。的确，仅靠测试是不够的。这并不是说它们不可能有用，而是说额外的评估方法也很重要。事实上，没有一种单一的评估方法足以提供教师计划有效教学所需的所有信息。教师需要一整套评估方法。不同的评估方法提供了许多不同类型的信息，这取决于它们的使用方式，而其他方法提供的数据非常有限。有些人提供了关于学生成绩的信息以及学习策略，但其他人没有。有些人提供了关于学生观点、态度和动机的信息，而其他人没有。一些学校让学生积极参与自我评估过程，从而鼓励学生对评估和最终学习的所有权和责任，其他人则不然。您所需信息的性质将决定您选择的评估方法或方法组合。

有效的评估反映了课堂教学目的、计划和实践的重要特征，并使第二语言教学和学习有改进。标准化考试以及许多课堂考试的主要缺点是未能与教学目标、计划和实践相结合。如果测试和其他评估方法对改善第二语言教学具有指导意义，那么它们必须反映课堂教学的重要方面。正如我们所注意到的，基于课堂的评估就像一个反馈回路，评估活动是由课堂上的教学目的、计划和实践所激励和塑造的，而这些活动的结果所产生的决定反过来又会使这些教学目的、计划和实践重塑。

通常没有简单或单一的方法来解释评估结果或根据这些结果做出教学决策。因此，基于课堂的评估需要大量的判断，如果理解了评估的逻辑，这一点可以得到加强。这包括观察到的或实际的状态与期望的状态之间的比较。存在不匹配，需要进行更改以减少不匹配。这并不像听起来那么复杂——我们在做日常决策时会这样做。个人决策和专业决策的区别在于，后者必须是系统的、明确的、有据可查的。在许多情况下，教师需要向其他人——家长、其他教育者和学生本人——展示他们收集了哪些信息，是如何收集的，以及是如何利用这些信息做出选择的。教师还必须为自己保存这一过程的记录，以便对其评估所示的教学目的、计划和实践进行修改。否则，重要信息将被遗忘，将不会进行所需的更改。教师成为课堂变革的推动者，积极利用评估结果来修改和改善他们创造的学习环境。大多数时候，课堂测试会进行，结果会报告给学生，教学过程也不会改变。在这种情况下，评估结果不用于改进教学；相反，它们仅用作学生成绩的指标。结果，学生学习与学习环境脱节。有效的基于课堂的评估是持续监控和修改教学以提高第二语言学习的过程的一部分。这要求教师负责教学目的、计划和实践。

综上所述，教育评价是根据学习目标和原则的要求，在教育过程中系统地收集信息和评价学习活动和结果的过程。

一、英语课堂评价要素

尽管许多研究人员和课程专家对"课程"一词给出了许多不同的定义，但从应用语言学的角度来看，"课程"这个词也有类似的定义。也就是说，教育计划包括计划的教育目的、实现这一目的所需的内容、教学程序和学习经验，以及评估教育目的是否实现的一些方法。虽然对"课程"一词提出了各种定义，但本研究并未包含"课程"的所有定义，本书提出的定义与将课程视为系统学习计划的传统一致，选择内容和组织学习体验以改变和发展学习者的行为和见解的总体计划，英语语言课程的总体目标是为每名英语学习者提供进一步的机会，以扩展他们有关他人文化的知识和经验，并使每名学习者都能为信息技术需求的进步所带来的不断变化的社会经济需求做好准备，其中包括以英语为媒介的娱乐、学习和工作，文本的解释、使用和制作。多年来，语言课程的设计方式发生了变化。语言课程必须以涵盖语言项目、技能和策略的方式设计，它们可能包括课程设计、教学大纲和课程内容、课堂流程、材料、教师、教师培训、学生、机构、员工发展或决策。它们是目标，看法、基本技能、知识和态度，，课堂使用的教学工具和方法。

二、体系的建立

关于课程评价，可以将其定义为收集和分析所有相关信息的系统过程，以判断和评估课程促进改进的有效性。课程评价的广义定义为人们为了获取数据而执行的一个过程或一组过程，这些数据将使他们能够决定是否接受、改变或消除课程中的某些内容，或是教育教材中的某些特定内容。没有任何课程在设计和实施方面是完美的。如果评估结果表明不需要进一步发展，则对评估方法或结果解释产生怀疑。这并不意味着课程应处于不断变化的状态，而是对纠正缺陷的评估结果采取行动，方法不断改进，内容不断更新。从这个角度来看，开展评估研究以了解教育计划的优势和劣势，应用修改并确定标准教育系统与其他环境下其他系统之间的一致性程度，似乎是每一个成功教育计划的基本任务。此外，必须评估学生和讲师的意见，以保持对英语培训课程各个方面的全面了解。课程评估有助于连接课程的所有其他要素，也有助于突出与这些要素相关的积极和消极问题，例如不同科目的目标和目的、课程设计指南、教学原则等。

第五节 英语教学内容

小学、初中和高中英语科目的目标分为九个英语水平等级。课程的主要要求是，学生在六年级结束时和九年级结束时，离校生在八年级结束时和非全日制学生在九年级结束时达到英语二级水平。对于中学生来说，目标是相当于大学英语水平。例如，对八年级这一水平的听力目标的描述包括：通过发音和语调理解说话者的意图和观点，理解英语广播和电视新闻，以及理解隐含的表达和提示。这一课程将英语纳入中文作为第一语言的教学中，使之合法化，并代表了英语作为第一语言的教学的转变。以前，英语是在中学里教的，但根据新政策，现在是在小学一年级或三年级教。对小学英语教学的限制，有助于提高英语教学的整体水平。在减少对英语教学的重视的同时，大学里对英语教学的重视程度也有所下降。这意味着高级英语的教学将从大学英语教师转移到高中英语教师，而大学英语教师将不得不寻找新的任务。学校教师已经有足够的英语水平，可以在大学学习英语。这将消除大学英语教师的传统任务，甚至使传统的英语课程对学生来说没有必要。

中国学生缺乏学习英语的自然环境，主要通过有针对性的课堂教学来学习英语。时间和环境的限制使得英语课程的选择变得更加重要。事实上，英语教学课程的设计有时是基于经验和直觉的。这不可避免地使内容的选择具有任意性和随机性。因此，内容的选择应以某些标准为指导。

一、基础性与实用性

语言知识的量很大，很多人即使花了一辈子的时间来学习语言，也没

43

有学会。

许多人甚至不知道自己的母语，更不用说外语了。在中学学习英语是学习外语的一个重要步骤。因此，在选择英语课程时，一定要注重基础知识，选择大多数学生都知道的基本和必要的知识和技能。除了基本技能外，内容的选择还应该考虑到学生学习和生活的实际情况，选择反映学生最需要的内容或他们在学习和日常生活中尚未学到的内容。

二、统一性与灵活性

由于中国的地理特点和英语教学的不平衡发展，有必要选择连贯而灵活的英语教学内容。不仅要注重统一性的基本要求，还要考虑到不同地区、不同英语学习环境和不同学习者的实际情况和需求。

三、时代性与规范性

首先，英语教学不可能涵盖所有庞大的文化知识，正如联合国教科文组织所强调的，教育的目的是让人们为未来的社会做好准备。因此，英语教学的内容必须根据其在当今和未来社会的相关性来选择。其次，语言作为一种社会现象，随着社会的发展而发生了变化，语言的变化与社会的发展是密切相关的。因此，一方面，在选择教学内容时，应尽可能多地引入现代语言，并反映最新的语言变化。另一方面，社会文化和人们态度的变化也影响着语言，英语课程必须反映这些变化。此外，必须考虑到英语主课所选语言的规范结构，所选语言必须符合现代口语标准和惯例。

四、整合性与科学性

语言作为文化和知识的媒介，其内容包括许多科学和社会话题以及社会生活的各个方面，因此，英语课程是跨学科的。所以在教学过程中，我们必须和所有学科的知识结合起来。

五、趣味性与有效性

课程应反映学生的兴趣。在中国，学生学习英语的实际环境不太理想，尤其在偏远和农村地区，大多数学生很难理解在继续教育课程之外学习英语的重要性。选择对学生有吸引力的内容可以帮助他们将英语学习与他们的生活联系起来，激发他们的学习动力，避免枯燥的内容。分数越低，越需要强调内容的相关性。

六、难点与科学性

说中文的人在英语的一些重要方面存在问题，例如现在时的对象的发音。

转折性变化是研究人员关注的一个领域。在选择具有挑战性的内容时，要考虑它是否具有可教性和相关性。对于一些学习者来说，有些内容虽然很重要，但无法获得，如果他们试图学习这些内容，就会处于不利地位。因此，复杂性和掌握性是两个奇怪的盾牌。要解决这个矛盾，应该把重点放在介绍难点内容的学习阶段，使用学习者容易理解的表达形式。应该指出的是，并不是所有中文和英文之间的差异都很复杂。

七、思想性

英语教学是小学教育的一个组成部分，不仅在培养学生的语言能力方面发挥着重要作用，而且在学生的思想道德教育和形成正确的世界观、人生观和价值观方面也发挥着重要作用。因此，英语课程应考虑到意识形态，包括爱国主义、社会道德、环境意识、对法律制度的理解和正义感。

鉴于语言的性质，在英语课上教授意识形态是至关重要的。语言在我们看来是一种社会现象，不可避免地反映了人们的社会生活，因此是人们文化生活的一个重要组成部分。因此，英语课程的内容应涵盖西方政治、经济、文化生活、思想和道德等诸多领域，不仅要有进步性，值得学习，而且要体现西方的观点、价值观、道德和生活方式。小学和中学的学生还没有成熟到可以分辨是非的程度。他们很难看到现象的真实本质，很容易被西方文化和概念所蒙蔽。当他们在英语学习期间遇到西方社会的生活方式、道德和伦理以及许多不良的社会现象时，他们的世界观、价值观、伦理观和生活方式发生了根本性的变化。因此，教学内容既要选择西方文化的优秀传统，培养学生的国际意识，又要介绍中华民族的古老文化，比较中外历史、社会和风俗，使学生在学习西方文化的同时，加深对祖国的了解和热爱，获得正确的理想、观点、价值观和世界观。在学习西方文化时，他们应该能够形成正确的理想、信仰、价值观和世界观。例如，不仅要了解愚人节、圣诞节等西方节日的起源和习俗，还要了解中国传统节日的文化内涵。

八、差异性

英语和汉语对我们学习来说属于不同的语系，彼此之间有很大的不同，这使得学生学习英语非常困难。结构语言学家认为，比较分析理论是语言教学中不可缺少的工具，尽管它在预测学生学习外语的困难方面并不像预期的那么有效。鉴于语言学习理论越来越强调发展语法和跨文化理解的趋势，对比分析仍然是发展语法理解和对文化差异敏感的最佳方法之一。因此，这种差异也是选择英语课程内容的标准之一。

九、关联性或协调性

英语课程的不同要素是相互关联的，并且相互影响。例如，某些语言结构可以用来表达某些功能，而某些功能是通过某些语言结构实现的。语音意识有助于提高对口语和书面文字的理解，文化意识有助于正确表达自己，交流策略有助于提高语言技能，等等。语言知识、语言意识、情感、策略和文化是影响学生全面发展和英语学习能力的重要因素。过分强调其中一个而忽视其他，可能会使学习者的熟练程度降低。我们已经亲身经历了这一点。传统的语言观和语言学习在英语教学中有一定的局限性，至今只注重语法教学和培养读写能力，而忽视了听力理解和口语，因此一些学生成为听不懂普通话、说不出英语的"木偶"。自中国引入交际学习以来，重点发展听和说的能力，而语法在一定程度上被淡化。因此，在选择课程时，应注意不同课程的组合，注意它们的互动和相互支持。

十、系统性与衔接性

在课程标准通过之前的很长一段时间里，中国的小学英语教学没有统一的课程，因为人们认为小学的外语教学只能在有条件的地区和学校进行，其目标和内容因地区而异。在中学阶段，全国各地广泛使用相同的课程和教材，产生了课程内容分散和重复的现象，以及出现英语在小学和中学教育中的"脱节"现象。为了避免因过去的课程脱节而造成的时间和精力上的损失，提高英语教学的有效性，"迈向标准"提出了一个共同的小学英语课程框架，这也是课程内容整体设计的基础。此外，鉴于小学生学习英语的时间有限，内容的选择应该简单，为实现特定的目标，应尽可能少使用材料。

第三章　英语及其教育教学的演变史

在当今世界的英语教学中，英语作为国际语言（English as a International Language，EIL）逐渐取代了传统的英语作为第二语言（English as a Second Language，ESL）或英语作为外语（English Foveign Language，EFL）。人们认为，世界范围内发展起来的非母语英语品种应该和母语英语品种一样重要，一个国家的决策者选择正确的英语品种来教授和学习是理性的。中国英语就是这种非母语英语变体中的一种，是英语适应中国文化的产物。尽管仍有争议，但中国式英语已经开始在学术界获得越来越多的认可。

在英语教学领域，EIL最初由约翰·史密斯提出。在过去的二十年中，其他美国学者一直倾向于使用这个术语。他们认为，今天英语不仅属于英国、美国和澳大利亚（在这些国家，英语是作为母语使用的），也属于印度、菲律宾和新加坡等国家，在那里，英语已经被人们当作必要的交流工具，甚至每个人都说英语。因此，英语不应再被视为殖民主义和帝国主义，而仅仅是一种中立的通信工具。鼓励英语教师和学习者将英语与自己的本土文化相结合，用英语表达自己文化的独特思想和现象。

EIL的拥护者认为，美国英语、英国英语等本土英语变体和新加坡英语、印度英语和菲律宾英语等非本土英语变体应该享有同等的地位。他们提出了诸如"非国家化""去英国化"，指本土文化的"去美国化"以及指非本土文化的本土化、"本土化"等概念。一些语言学家对英语"变体"有错误推断。他拒绝使用"新加坡英语""南亚英语"和"菲律宾英语"等同一术语，他们认为，英语的变体在不同的语言层面上都没有得到充分的描述，不能作为教学上可接受的语言来使用。他们还对全球标准恶化的前景感到担忧，并希望通过重新体验"合格教师极度短缺"来防止这种情况。今天，接受英语中不同的形式和变体以及差异化是一种趋势。

第一节　我国英语的教育演变史

今天在中国，英语是学习最多的外语。在许多地区，英语教学从小学开始，一些城市儿童甚至在幼儿园时就开始学习英语。大多数中学和大学采用英语来满足外语要求。成年人也对学习英语有兴趣。尽管涉及英语学习和口语的人口众多，但这种语言从来不是中国本土人之间的交流工具，而是与外国人交流的工具。在中国历史上，英语作为一种引入中国文化的语言，从未被制度化。它主要服务于"功利"或"工具"目的，无论是经济还是政治，或两者兼而有之。英语的传入发生在18世纪，当时西方列强为了殖民主义来到中国。当时，中国人对外界知之甚少，不愿意向外界学习，也不愿意学习外语。然而，他们不得不与在中国的外国人交流，因此英语逐渐得到重视。在教育中，特别是在大学一级，英语学习侧重于记忆过去著名作家的文学作品，而不是当代口语。从1850年到1950年，为了民族解放，中国出现了洋务运动。中国人倾向于从外部世界学习新思想。因为英语是西方化和现代化的重要交流工具，所以人们开始全面学习英语。从1960年到1970年，对中国历史来说这是一个特殊时期，即"文化大革命"。中国倾向于与西方世界隔绝，英语在这一时期发展起来，包含了许多政治术语和表达方式。对于一个不熟悉中国历史的外国人来说，这些术语和表达几乎是可以理解的。自这一时期结束以来，他们逐渐失去了在中国人英语中的主导地位。由于改革开放的政策，近二十年来英语在中国蓬勃发展。中国开始向世界全面介绍自己，作品开始在中国历史上前所未有地了解中国。出现了许多新的创意表达，表达了中国文化和生活方式的独特性，丰富了英语。标准英语词典或参考书中收录了大量汉语借词。

中国人所说的英语变体从未被制度化，它的功能是"表演"变体，缺乏官方形象，通常在使用上受到限制。更具体地说，它属于"扩张圈"。就中国英语的多样性而言，有两个术语引起了许多争论：一个是"中国英语"，另一个是"中式英语"。中国英语的概念是由葛传椝首次提出的。在一篇不到600字的文章中，他提出我们应该特别注意中国英语和汉语的区别。他认为，英语主要是指英文。英语是英国的语言，其他说英语的人应该模仿英国人的说话方式。然而，每个国家都有自己的文化特点。就中国而言，用英语表达的内容自然是中国文化和生活方式的具体体现。也就是说，中国英语应该表达典型的中国现象和思想。他举了一些例子，如"四个现代化"（四个现代化）和"思想重塑"等。根据他的定义，中国英语以标准母语英语为基础，具有中国特色的词汇、句法和话语，不受中国语言的干扰，通过音译、借用或语义转换的方式表达中国的社会和文化特点。中式英语是一种畸形的英语，它不遵循标准的本土英语语言、文化和习俗。中式英语的产生是由于汉语的干扰。他相信中国英语确实存在，而不仅仅是一个假设。

关于中国英语的概括：一种近乎本土的中国口音；由于历史、环境和政治，这些词仅对汉语来说是基本的；由汉语学习方法导致的过时或过时的形式或发音；英美英语口语和书面形式的混合语言。学者和语言学家对中国英语的看法并不一致。但是如果我们只是把中国英语作为一种标准的英语变体来看的话，就像美国英语和英国英语那样的关系，众所周知这是太主观和不现实的。这会造成理论和实践上的混乱，并对跨文化交际产生负面影响。尽管有这种不同意的声音，中国英语还是得到了承认。《中国日报》和《北京评论》都承认中国英语的存在，期刊和报纸上都有一定的中国英语。到目前为止，关于中国英语还没有达成一致的定义，也没有就如何区分中国英语和中式英语达成一致意见，尽管有人提出了可访问性来达到这一目的。对于中国英语的科学定义、定位和描述，还有很多研究工作要做。

在音韵学中，通常认识到两个分支：节段和超节段。分段音韵学将语音分析成离散的分段，如音素。除了音段之外的事情，每种语言都有其他更重要的语音特征，这些特征与大于音素的单位有关，例如音节、单词、短语、从句或句子，因此称为超音段，节段音系的迁移是自我限制的，而超节段音系统的迁移是累积的。对于母语为汉语的人来说，大多数发音问题都发生在超节段水平。因此，中国英语的音韵特征应该在这个层面上得到很好的体现，包括重音、衔接、缩减和同化等。因此，对于以英语为母语的人来说，中国英语听起来像"外国语"，即使表达想法也没有任何问题。目前，关于英语和汉语语音分化的研究大多局限于节段水平。然而，对中国英语音韵的科学描述在很大程度上取决于超节段水平上英汉语音对比的研究成果。

在词汇和短语方面，由于中国的生活方式、文化和社会特点，中国英语不可避免地与母语和其他非母语英语变体不同。这也是中国英语存在的最有说服力的证据之一。为了表达典型的中国文化和社会现象，我们必须创造创造性的词汇和表达方式，如"四个现代化"（四个现代化）、"五四运动"（吴四运东）和"科学先生"（塞贤生）等。这些表达方式对于对中国文化和历史一无所知的英语母语人士来说可能是第一次不能够理解。然而，通过一些解释，加上对中国文化和历史的介绍，他们可以理解。就跨文化交际而言，只有在了解多元文化的基础上才能实现可理解性。因此，只有熟悉中国文化和典型的中国生活方式，才能接受中国英语的这些表达。标准的母语英语吸收了许多汉语借词，丰富了自己。在诺亚·韦伯斯特的《新国际英语词典》中，除了专有名词外，还有100多个汉语借词。20世纪70年代中期，各种英语词典和标准手册中共有979个中文借词。自改革开放以来，越来越多的中国词汇进入了英语语言。这些汉语借词，如"太极"和"风水"，当然是中国特色英语词汇的丰富资源。习语是典型的中国英语表达的另一种资源。习语是以文化为导向的，因此了解一种语言的习语是理解一种语言的文化的好方法。对于一些汉语成语，有英语对应词，"披着狮子皮的驴"表示"狐假虎威"，"穷如教堂老鼠"表示"一贫如洗"。然而，大多数中国成语都没有这样的对等词。因此，这些习语的正确表达将是典型中国英语的重要组成部分。与特定文化的词汇类似，这些表达只能在中国文化和社会观念的基础上理解。由于缺乏理论和实践上的指导和规范，目前中国英语词汇的使用存在许多混乱之处。例如，在大多数已出版的汉英词典中，许多具有中国文化独特性的汉语单词都没有对应的英语单词，这些单词本应在词典中给出。"风水"一词已被收录在《麦觉理新词词典》和《牛津生词词典》中。可见应该对中国英语词汇的形成和接受进行进一步的研究，以改变这种情况。

在语法方面，许多致力于研究非母语英语变体的语言学家和学者提出，理想化的规范仍然是一种母语规范模式。在许多研究中对非母语英语的研究中描述了定冠词和不定冠词、时态、模式助词和介词的异常用法，然而，他们都没有将这些异常用法视为标准英语变体的特征。在中国，虽然已经对中国学生的英语口语和写作特点进行了一些研究，但还没有系统地描述中国英语与标准母语英语的语法差异。这一描述的突破必将为中国英语的发展做出巨大贡献。在语篇层面，中国英语的发展旨在使中国人与其他以英语为母语或非英语为母语的人成功地相互理解，同时保留独特的中国文化特色。与其他任何文化一样，中国文化有其独特的规范和行为，如问候、道歉、表示感谢，以及对赞美的最明显回应。这些规范并不比英语国家的规范好，也不比英语国家的更差。然而，为了说英语，我们曾经牺牲这些文化特性，遵循西方国家的规范和行为。中国英语作为一种在中国文化中发展起来的英语变体，应该具有中国文化特色。这是中国英语受到鼓励的最重要原因之一。然后，我们来讨论中国英语是否具有这些中国特有的规范和行为。这是一个本质上类似于接受上述习语的问题。这取决于听众或读者的跨文化知识。考虑到中国文化和谦逊的传统，当听到我们对"你的衣服看起来很漂亮"的赞美时，我们不应该感到惊讶或困惑。因此，中国英语只能与逐渐为英语世界所熟知的中国文化和传统一起被承认甚至普及。

第二节　我国英语教学改革的演变史

中国的现代教育始于9世纪，当时英国和美国的传教士来到中国办学和传播基督教。中国的现代外语教育被认为有两个来源：一方面是通过基督教影响中国文化的传教士，他们积极办学并提供英语课程；另一方面是清政府和民间为解决"对外关系问题"而建立的外语学校，这类学校的典范是京师同文馆。传教士介入我国英语教育已逾百年，纵观其发展史，中国早期英语教学活动开展极为艰难，但每个阶段的英语教学活动都对英语教学法产生了一定的触动和启蒙作用。

由于当时的清政府禁止传教，在彼时的中国开展英语教学活动异常艰难。这一时期的英语教学活动依附并服务于传教，缺乏系统、完整的教学计划，办学条件简陋，师资缺乏，教学内容有限，英语教学水平较低，教学效果差。

封建社会结束后，国民政府颁布的"壬戌学制"（又称"新学制"）规定外语于初中开始设置。这些学制不仅对英语课程的设置进行了确立，还对英语课程内容、课时、教学师资、教材编写等进行了规约。学制的颁布也对这一时期的英语教学法产生了一定影响。由于这些学制多少受到洋务运动和西学风潮的影响，英语教学法也呈现出了外来教学法独占鳌头的趋势。清末民初的公立学校的课程、教材和教学方法深受外国学校的影响，特别是在教学方法方面：这时许多中国学校采用西方国家广泛使用的直接法和语法翻译法，这是一种补充性教学方法。

直接教学法是由传教士或皈依教师在圣约翰大学和清华大学等学校引进和使用的。然而，在所有这些方法中，直接教学法在民国初年是最受欢迎的，由一批语文教师，特别是归国留学生推广。1932年，在国民党执政期间，中华民国政府教育部颁布了《课程标准》，并于1933年颁布了《中学规程》，规定英语为中等教育四年的必修课，教学时数增加到每周五小时；1940年，再次修订了中等教育的课程标准，并公布了《初高中教学科目及各学期每周各科教学时数表》的文件。这份文件包括四个部分：课程目标、教学计划、科目计算和实施方法；1948年制定的《初、高级中学课程标准》不仅将英语重新列为主科，而且在课时、教学类型等方面有专业性规定。

中华人民共和国成立后，英语教育教学长期处于一种反复、停滞不前的状态。直至改革开放，才迎来真正意义上的推进。在教育政策上，1963年，中国共产党中央委员会发布《全日制中学暂行工作条例（试行草案）》和中共中央批准试行的《全日制小学暂行工作条例（试行草案）》，对中小学的课程设置和考试评价等做了规定说明。接着，改革开放以来由国家统一编写的教材也于1980年在全国发行和使用，并在随后的几年中主要由人民教育出版社对各级各类教材进行多次修订，改变了前一个时期教材混乱的局面，为崭新的课程与教学改革提供了重要保障。正是在这一教育背景下，英语课程与教学也得到了新的发展机遇。此外，教育部印发《加强外语教育的几点意见》，指出中学外语课和语文、数学等课程一样，是一门重要的基础课，应受到重视。英语开始成为真正意义上的有核心与主导地位的课程。

教育部于1978年制定的《全日制十年制中小学英语教学大纲（试行草案）》、1980年对1978年版大纲的修订及1982年制定的《全日制六年制重点中学英语教学大纲（征求意见稿）》逐步对英语教学的目的要求、语言技能掌握、语言知识要求等做了较明确的规定。尤其1982年制定的英语教学大纲将英语教学目标改为"听、说、读、写"四会语言技能。这在我国英语教学发展史上具有独特的意义。这不仅是从政策层面对长期在我国大行其道的语法翻译法的一种批判，更是我国对英语教学逐渐走向较为科学、客观的探索的开始。

按照大纲精神，人民教育出版社恢复了教材编写工作，全国通版教材《小学英语课本（试用本）》《初中英语课本（试用本）》《高中英语课本（试用本）》作为规范和统一的全国中小学英语教材得以发行使用。此外，据统计，当年全国中学外语教师的人数超过两万人，全国中学生学习外语者大约达到四千万人。经过这次轰轰烈烈的改革，中国掀起一股学习英语的热潮。但中小学英语课程在得到恢复与逐步发展的同时，问题依然存在。相对经济、政治、文化等其他方面的改革来说，英语课程与教学改革还远不能满足社会发展的总体需求；另一个突出的问题是随着英语高考的恢复，英语课程与教学的应试性目标和工具性目的表现得特别明显，英语课程与教学已然成了一种功能性教育，人们需要对英语课程与教学作更深层次的、更系统的、更科学的了解和认识。

随着各项体制改革的全面开展，教育体制改革也已蓄势待发。1985年5月中共中央颁发的《关于教育体制改革的决定》（以下简称《决定》）吹响了中华人民共和国成立以来教育改革的号角。《决定》指出教育要"面向现代化、面向世界、面向未来"。这一教育思想使英语作为社会主义现代化建设的重要工具，作为面向世界、面向未来的重要桥梁的重要作用逐渐得到认可。国家教育委员会正式颁布了《全日制中学英语教学大纲》；接着，1988年又颁发了《九年制义务教育全日制初级中学英语教学大纲》；1990年颁布了《全日制中学英语教学大纲（修订版）》。英语教学大纲的频繁颁布正说明了这一时期英语课程与教学改革的持续深入。

此外，英语教材的编写和教学方法的改革在这一时期得到了充分的重视。教材方面，以几次颁布的教学大纲为依据，人民教育出版社和英国朗文出版集团合作编写了《九年义务教育三年制高级中学教科书英语》。这一套教材以结构—功能语言观为指导，在编排上较过去的教材更具有科学性和合理性，不再将德育作为统领性的要素，而是能基本按照语言教学的规律，将德育渗透到英语情境中；教材内容也具有了生动活泼、形式灵活多样的特点，趣味性较强。在教学法的改革与运用上，随着"教育开放"思想的影响，随着我国对外交流的全面铺展，英语教学法在这一时期呈现出引进与改造同步、理论与实践同行的研究盛况。

1993年，中共中央、国务院发布《中国教育改革和发展纲要》，指出各种特殊人才要基本适应现代化建设的要求，明确了建设有中国特色社会主义教育体系的主要原则，实现教育现代化。中国的教育改革已经进入了一个深化和发展的阶段。"科教兴国"战略正式揭开面纱。教育部颁布的《面向21世纪教育振兴行动计划》和中共中央、国务院《关于深化教育体制改革，全面推进素质教育的决定》指出，迫切需要改革现有的教育理念、教育结构、教育内容和教育方法，深化教育改革，全面推进教育质量。这也为宏观教育政策和教育改革奠定了基础，这是应该的。此外，"百年优质教育"计划还提出了深化和改革英语教学的要求。

21世纪初，国务院颁布了《关于基础教育改革与发展的决定》的法令。第八次全国小学课程改革正式启动，并公布了小学课程改革计划。同时，18个必修科目的课程标准草案也被公布。在"知识与技能、过程与方法、情感态度与价值观"三位一体课程功能的指导下，各学科课程结合本学科特点正式开启新课改之旅。新课改在课程理念上力图突出以"人为本"的价值观，在教学方式上强调"自主、探究与合作"，在学科内容上强调基础性、综合性和选择性，在课程评价体系上重在发展性。表现在英语课程与教学改革上，教育部于2000年颁布了《九年义务教育全日制初级中学英语教学大纲（试用修订版）》和《全日制高级中学英语教学大纲（试验修订版）》两个过渡性的大纲，同时开始了义务教育和普通高级中学英语课程标准的研制工作。2001年，教育部颁布了《全日制义务教育普通高级中学英语课程标准（实验稿）》，2003年又正式颁布了《普通高中英语课程标准》，2007年全国普通高中已全部进入新课改。至此，我国中学英语进入全面课程改革阶段。历经十余年课改，全国范围内的英语教育教学发生了巨大的变化，教师教育的系统开展使得英语教师的教学水平有了显著提升，中小学学生的英语水平也有了较大提高。千年课改在一定程度上满足了经济、文化全球化的需求。但是，轰轰烈烈的课改亦有不尽如人意之处。21世纪的各国纷纷走入"知识经济"时代，"信息化""全球化"使地球村的概念成为现实，人与人之间在各个层面的交流互动不只满足于语言工具性能的表层作用，更要求语言深层次的文化功能也能被学习者所掌握并恰当运用。

2013年3月，教育部发布《关于2013年深化教育领域综合改革的意见》，指出为培养创新型人才，要推进考试和注册制度改革，做好高中阶段教育学分制改革和实施综合素质评价工作。《中共中央关于全面深化改革若干重大问题的决定》始终把全面深化改革作为关键点，规定了教育改革的关键措施和重中之重，强调要大力推进考试招生制度改革，解决"一考定终身"的根本问题。此次改革堪称我国英语教育史上最为重大的改革，同时也意味着在中国存在近六十年的英语教学即将被触碰红线，动摇整个教学活动的根基。

在今天，英语教学的改革需要更多关注传统教育功能之外的功能。语言与文化是相互依存的。一方面，语言是文化的一个特殊组成部分，是传递文化的载体，是文化不可分割的一部分，没有语言就没有文化；另一方面，语言又受文化的影响，反映文化、理解语言必须了解文化，理解文化必须了解语言，语言和文化是相辅相成、相互影响和密不可分的。它们之间的这种关系决定了语言教师也必然是一名文化教师。然而，从严格意义上来说，文化教学又不是一门独立的课程，它是语言教学的组成部分。在目前的英语教学中，更多的是进行目的语文化的导入，而一部分教师想当然地认为，学生对本民族文化有相当的了解，实际不然。笔者认为，在英语教学中应进行双向文化导入，也就是使整个语言教学过程变成是对目的语和母语文化不断加深理解和认同的过程。

要运用一种语言进行跨文化的流利沟通，对这种语言的使用者提出了较高要求。因而也对这种语言的教授者提出了更高的要求，并对教学方法、教学内容、词汇构成等提出了新的要求。

第三节　当前阶段英语教学的难题与挑战

一、文化差异

在中国传统的英语教学中，英语被认为是语音、语法和词汇的序列，忽视了文化知识的输入。这通常会导致文化破裂。随着中国和西方国家之间的交流越来越密切，文化因素应该得到足够的重视。中国拥有世界上最多的英语学习者。英语课程一直是中国从小学到大学最重要的必修课之一。我们应该摆脱传统的教学方法，引入更多的文化背景知识。即使采用各种文化介绍的方法，也不可能介绍英美文化的全部知识。在英语教学中，教师应该循序渐进地传授文化知识，由浅到深，由易到难。当然，英语教学中文化导入的方法是多种多样的。任何能促进学生掌握英语——语言本身——和英语文化知识，从而提高英语综合能力的方法都应该被采纳。

（一）中美文化差异

文化是什么？文化有很多定义。"文化是一个社会成员用来应对的共同信仰、价值观、习俗、行为和人工制品的系统"。他们的世界和彼此之间，通过学习代代相传，"文化由人类社会的所有共同产品组成"。中国传统文化在漫长的历史过程中逐渐演变为一种以群体忠诚为表现形式的民族精神。它表现在思维方式和行为方式、民族气质和其他至今仍有明显影响的文化方面。一般来说，中国传统文化价值观可以概括为：集体主义、和谐、等级、谦逊和礼貌。在集体主义文化中，人们的一个重要信念是，生存的最小单位是集体或团体。中国文化的特点是集体主义导向。基本单位是家庭（集体），而不是个人。它有时被称为集体文化或群体文化。孝道是孔子所倡导的主要美德之一；这不是一种抽象的概念，而是每天都在儿童和成人身上表现出来的，如他们对父母的顺从和关心，以及对父母福祉的关心。所有人都高度评价家庭支持。家庭支持需要与他人合作。因此，重视和谐，避免冲突。实现和谐的一个重要方法是接受和尊重他人。

美国文化一直被视为"多元主义文化"。纵观美国历史，不同的美洲土著部落、西南部和佛罗里达州的西班牙殖民者、非洲奴隶、法国商人和英国殖民者的文化都表现出了多样性。两百多年来，移民增加了这种多样化。美国文化通常被认为是一种个人主义文化，在这种文化中，个人把集体的目标置于个人目标之上。由于政府、教会权力的限制和贵族制度的缺失，早期的移民创造了一种强调个人自由的氛围。新独立的美国（1776年后）灌输了个人自由的概念，这可能是美国最基本的价值观。在个人主义文化中，人们的一个重要信念是，生存的最小单位是个人。美国文化有时被称为"我"文化，因为它强调的是个人而不是群体。对美国人来说，自由意味着所有个人都有权掌握自己的命运，不受政府、统治阶级、教会或其他有组织权威的干涉。然而，个人自由是要付出代价的：自力更生。这通常意味着尽早从父母那里获得经济和情感上的独立。"自力更生"的需要被认为是优先考虑的。林肯总统表达了"机会平等"的价值。美国人将这理解为在生活中有平等的成功机会的权利，但不是每个人都是或应该是平等的。生活被看是一场成功的竞赛。平等意味着每个人都应该有平等的机会去竞争和获胜。如果把生活看作一场赛跑，那么一个人必须奔跑才能成功。一个人必须与他人竞争。这是为机会平等付出的代价。每个人都应该努力成功。美国人把他们的智力与他们的邻居的进行竞争以获得成功。成功的人被认为是赢家。竞争和对胜利的渴望被认为是健康和可取的。在美国，物质财富可能是最被广泛接受的衡量社会地位的标准。对欧洲阶级结构的排斥和对更无阶级社会的接受见证了社会地位判断的替代品的出现。个人物质财富的数量和质量成为替代品。然而，美国人为此付出了代价：努力工作。土地和其他丰富的自然资源是通过辛勤劳动开发的，就像美国的工业化一样。所产生的财富在过去和现在仍然转化为物质财富和高生活水平。努力工作得到了很多回报。物质财富是这一点的有形证据。

　　由于上面提到的文化差异，尽管在交流中使用的语言可能是完美的，但也可能会产生误解。相同的单词或表达对不同的人来说可能意味着不同的事情。这里有一个例子：一次，一个美国人开心地来到一个中国人家里做客，当客人看到了主人的妻子时，他说："你的妻子很漂亮。"主人的反应则是笑着说："哪里？哪里？"——这让美国人特别特别惊讶于中国人的反应，但他还是回答说："眼睛、头发、鼻子，到处都有，到处都有……"——这个回答让主人觉得有点困惑。惊喜是由不同的文化引起的。"哪里？哪里？"意思是"Nali！Nali！"在汉语中是一种谦虚的说法。但是美国人把它理解为"身体的哪些部位是美丽的？"所以，双方产生误会的原因是风俗习惯的不同。每个人都在根据自己的文化表达和理解对方所说的话。事实上，当不同语言和文化的人交流时，这样的事件是相当常见的，因为文化彼此不同，每一种文化都是独特的。当我们要学习好英语时，我们就不仅仅是学习发音、语法、词汇和习语，更重要的是学习从讲母语的人的角度看世界，了解从他们的语言中是如何反映他们所处社会的理想、习俗和行为的，学习理解他们的"心灵语言"。

学习一门语言，实际上是和学习它的文化分不开的。然而，长期以来，文化在我们的教学中没有得到足够的重视。很多学生虽然掌握了足够的知识，但在实际应用中经常出现错误，这是因为我们的教材只注重语言的形式，忽视了其社会意义和实际使用。我们可以在许多教科书中看到以下对话。

1．A：你叫什么名字？

B：我叫李红。

A：你多大了？

B：我20岁。

2．A：你要去哪里？

B：我要去图书馆。

3．A：你在给你父母写信吗？

B：是的，我是。

A：你多久给你父母写信一次？

B：大约一周一次。

上述对话或多或少是中文思想和英文形式的结合。虽然这些形式是正确的，但它们是不正确的。很难想象有人会问这一系列的问题，除了医院、移民局之类的地方。"你的名字是什么？你多大了？"讲英语的人对这种问候的自然反应是"你为什么这么问？"或"不关你的事"。例如，"你在给你父母写信吗？"会被认为是侵犯个人隐私。我们的教材、教师有时没有足够重视文化之间的差异，所以学生通常不知道文化的因素，他们只能机械地照搬他们学过的东西。

（二）文化背景知识在语言教学中的重要性

在英语教学中，不仅要提供信息，提高学生的语言技能，而且要加强相关文化背景知识的教学。谈到听力理解的教学，许多学生抱怨说，他们花了很多时间听，但进展甚微。这其中的原因是什么呢？一方面，可能是一些学生的英语能力较弱，觉得材料很难；另一方面，更重要的是他们根本就不了解美国和英国的具体的一些文化背景。听力与英美文化、政治和经济知识密切相关，实际上是对一个人综合能力的测试，其中包括英语语言知识、分析能力和想象力。我们从经验中知道，当我们听到熟悉的东西时，无论它是什么，我们通常很容易理解它。即使材料中有一些外来词，我们也能根据我们学习的上下文猜出其含义。然而，当我们遇到了我们不熟悉的材料或与文化背景密切相关的东西时，我们就会很纠结。就算我们看到的材料非常简单，由于这时候我们不知道文化背景，我们只知道普通的意思，无法理解潜台词。以下是一份报告的摘录："通往 11 月的道路是困难的。11 月'这个词的字面意思是'一年中的第十一个月。"但在这里，它意味着"总统选举将在 11 月举行"。另一个例子是"红色的日子"，这是一个简单而容易听到的表达，指的是圣诞节和其他特殊、重要的日子。然而，如果没有教师的解释，学生往往无法理解。考虑到这一点，在英语教学中加入文化背景对于听力理解是很重要的。

同样，口语也不仅仅局限于发音和语调。只有通过广泛的阅读，接触丰富的语言材料和西方文化，才能让学生的英语口语能力得到提升，从而提升交际能力。因此，在口语教学中，教师应注意语言的真实性，使用磁带、杂志、报纸、报告等日常生活中的材料，因为这些材料来自真实的生活，有助于学生掌握标准的发音，在不同的场合正确地说英语，了解西方的生活方式、习俗等。否则，不可避免地会引起误解和不快。让我们来看一些例子。许多固定的英语表达方式是不能随意改变的。例如，"How do you do？"是"你好吗？"当询问价格时，人们通常会说："How much, please？"而不是"你收我多少钱？"或者"我欠你多少钱"；结账时说："服务员，请结账。"而不是"打扰一下，先生，我们吃完了。请问多少钱？"打电话时问对方的名字："请问您是哪位？"或"请问是谁？"而不是"你是谁？""你在哪里？""你姓什么？"或"你的单位是什么？"

在口头交流中，说话者需要标准的发音和语调，以及适合场合的语言。我们可以举出许多符合语法规则但不适合场合的表达的例子。一次，一个学生在演讲结束后，向一名外国游客征求意见。学生是这样说的："我很想了解一下你对演讲的感受。"这让外国游客很吃惊。他说："你们英国人美得不真实。"但这名学生拒绝接受这一评论。他说这句话是从书中摘录的。游客解释说，像"渴望探索你的感受"这样的短语不适合用在口语中，应该用"我想听听你对讲座的看法"或"我可以听听你对讲座的看法吗？"

阅读英语文本需要一定的技能，但理解力并不只取决于这些技能。文化背景也很重要。阅读是语言知识、文化背景和其他技能的综合，它是一个基于现有语言材料、文化背景和逻辑思维的预测和再评价的连续过程。一般来说，学习者在掌握汉语时不会遇到与文化背景有关的困难。然而，即使我们很多语法都没有问题，在我们阅读英文文章的时候，中西文化的差异仍然经常给我们带来许多困难和麻烦。本书将讨论文化背景对阅读的影响，以阅读材料中一些常见的术语或表达方式为例，这些术语或表达方式往往是不熟悉西方文化的中国学习者所不理解的。许多典故来自历史、宗教、文学等，经常出现在英语作品中，并已成为家喻户晓的词汇。但是，如果没有西方文化和历史的知识，这些典故并不总是那么容易理解，不理解就不会有什么欣赏。例如：一项需要巨大体力或脑力的任务。赫拉克勒斯是古希腊神话中体格健壮的英雄。作为一项严重罪行的惩罚，他被命令做 12 项几乎不可能完成的任务。赫拉克勒斯成功地完成了这一切，并获得了永生的奖励。这是一项艰巨的任务，但他还是设法完成了。

其中一些典故可以在词典中查到，但随着社会和语言的不断发展，新的典故也不断出现。除非一个人非常了解某个国家的发展，否则他会对一些特有术语或短语的含义和内涵感到茫然。习语是一个社会语言和文化的重要组成部分。它们通常很难理解，也很难正确使用。从单个单词的意思几乎是不可能理解的。在英语习语中，即使是相同的单词也可能有不同的意思。因此，首先，学生应该学会不要因为这些习语是由简单容易的单词组成的而产生轻视，反而应该借助一切工具寻找有不同意思的相同短语。可见，我们的阅读困难不能完全靠语言知识来解决，因为一个民族的作品离不开这个民族的文化传统。因此，在阅读教学中，教师在阐述文化背景的同时，也要解释语法上的困难。

同样，写作和翻译也离不开相关的文化背景知识。在我们具体翻译的时候，即使是一些非常非常简单的表达，我们也不能不考虑具体的语境和习俗。在写作中，文化背景知识也很重要。为什么一篇文章的作者是中国人还是以英语为母语的人一眼就看出来？一方面，这可能是因为大多数中国学生还没有掌握这门语言；另一方面，这可能是因为中英写作风格的差异反映了文化差异。中文的叙述和描述似乎比英语的更华丽。下面这段话来自一个学生的作文，是典型的错误的英语写作："我快乐地走在被清晨阳光的金色光线照亮的小路上。各种颜色的美丽花朵正在盛开。它们闻起来多么香啊！小鸟在树上歌唱，好像在向我打招呼：'早上好！早上好！'"在这件事上，一个常见的错误就是中国学生倾向于使用太多的形容词。当然，在好的写作中，形容词是必要的。但如果不小心使用过多，它们可能会产生相反的效果——迅速扼杀兴趣并产生厌倦。

通过以上分析，很容易得出结论，对于英语学习者来说，只知道语言形式是不够的。英语学习具有丰富的文化意义。这不仅是掌握的过程，更是接触和认识英国人文化思维模式的过程。但是，在英语教学中可以教授什么样的文化呢？

单词是一种语言所能使用的最小单位。在英语中，一个物体、生物或概念可能只有一个词，而在汉语中，可能有多个词，甚至数量相当多，反之亦然。因此，在教学中，教师应该对中英文化的习俗和传统进行比较。例如，在英语和汉语中，单词都有其象征意义。在英语中，"星期日"是一周的第一天，而在汉语中，它是一周的最后一天。随着文明的发展，人们越来越重视交际的情境、关系、策略、内涵和影响。由于中英两国文化的不同，在某些情况下会有一些交际上的差异。主要情况如下。在英语和汉语中都有表达感激的方式。区别在于感谢什么和感谢谁。说英语的人认为每个人都被视为独立的个体。因此，无论以何种方式表现出来的善意都应该得到明确的赞赏。他们对任何帮助他们的人说"谢谢"。相比之下，中国人倾向于感谢那些帮过他们几次大忙的人。

人们普遍认为谦虚是礼貌的表现。当被赞美时，说英语的人可能会说"谢谢"或"我很高兴听到你这样说"来表示接受，以表示他们的高兴和感激，而中国人可能会尽量不接受赞美，以显示他们的谦虚和礼貌。他们都试图表现得礼貌和谦虚，可能他们认为他们的行为是合适的。由于文化差异，很难说谁对谁错。关键是，为了学好第二语言，一个人还必须理解文化。因此，通过比较，学生可以意识到两种文化之间的差异。比较和对比也有助于学习者解释不同的文化行为，可以避免仅仅根据自己的标准来解释他人的行为。通过比较和对比，可以区分可接受的文化和不可接受的文化，从而防止学习者不加批判地接受目标文化。

（三）探索文化活动

语言行为是人类行为的一部分，因文化而异。这里的交际活动是指那些涉及学习者积极参与交际的活动，如角色扮演活动、信息缺口活动、解决问题活动等。如果英语老师想要向学习者展示下馆子的一般做法，最好的方法可能是用英语指导学习者如何找到预定的桌子，如何点餐，如何付款。等等，然后让学习者进行角色扮演。这不仅能显示学习者对它们的理解程度，还能给他们留下生动的印象。这种方法很有用，因为它有助于与文化内容和以交流为导向的活动相结合。

首先，教师应该在英语学习中充分利用文本，帮助学生掌握文化信息。

如亚伯拉罕·林肯，教师应向学生介绍林肯，告诉他们普通人成为美利坚合众国总统的奋斗历程，让学生对这位伟大的人物有一个印象。就小马丁·路德·金而言，教师应介绍美国种族歧视的历史事实和某一时期的现状，让学生了解美国今天对其他国家人权记录的批评是多么武断和可笑的不公平。总之，在课堂上适时地让学生接触一些基本的文化知识，可以唤起他们对西方文化和社会的好奇心，从而提高他们的学习兴趣。其次，教师应鼓励学生阅读。对大多数中国学生来说，学习西方文化主要靠阅读，而文学作品是学习人类心理、文化性格、习俗、社会关系等最丰富的素材。

使用来自母语社区的真实资源有助于让学生参与真实的文化体验。资料来源可以包括电影、新闻广播和电视节目，网站，还有照片、杂志、报纸、餐厅菜单、旅游手册和其他材料。教师可以根据学生的年龄和语言熟练程度调整真实材料的使用。例如，即使在刚开始的时候，学生也可以观看和收听用目标语言录制的电视节目片段，并专注于诸如问候语之类的文化习俗。教师可能会给学生提供详细的翻译，或者给他们一个大纲图，让他们在听对话或看视频时完成。教师还可以从报纸或杂志中获取一些有关文化方面的材料，以及对某些问题的讨论，这些问题可能会阐明西方的行为模式。此外，与传统教学相比，它能清晰、真实地融入文化输入。

正如本书所提到的，一种文化或语言是其独特具有的，与另一种文化或语言是不同的。文化差异可以被视为其他群体、社会或国家的社会组织、发展和交流的方式，这些群体有来自其他民族的习俗、法律和生活方式。因此，理解目的语并不是一件容易的事，了解文化差异是非常重要的，只有这样才能知道如何尊重其他文化，如何使用好其他语言。本书首先介绍了文化与教学的关系、中国英语教学的传统和现状。其次说明了中美两国传统文化的引进以及文化差异带来的问题。在分析了文化差异给英语教学带来的问题之后，提出了在一定范围内引入文化的建议。这是最后也是最重要的一部分，阐述了在英语教学中如何将文化背景知识呈现出来，让学习者接触文化背景知识，从而帮助学习者掌握语言的关键，提高英语综合能力。综上所述，教师应该让学习者不仅关注文化差异，而且要努力理解和研究这些差异，以免在学习和交流中产生误解。为了克服文化差异所带来的障碍，有必要直接教授学生、培养学生的文化背景知识意识。总之，文化因素在英语教学中起着重要的作用。英语教学的目的是通过学习语言及其文化，培养学生的综合英语能力。在成功的语言和文化背景知识的教学和学习中，文化引入有助于培养学生对目的语的文化意识。这样可以提高学生的英语综合能力和目的语的文化交际能力。这就实现了外语教学的目标。

二、新时代的冲击

使用技术进行教学已经成为英语教学成功的一个组成部分，这在世界许多地方都被证明是有益的。学校教育中的技术进步正在施加越来越大的压力，许多教师在将其融入教学中时面临挑战。例如，互联网连接、缺乏接触和缺乏技术设备。

第四次工业革命（The Fourth Industrial Revolution，4IR）是基于机器人、物联网（Internet fo Things，IoT）、量子计算、人工智能（Artificial Intelligence，AI）等领域技术进步的融合。这一系列技术进步帮助了商业、教学和学习等不同方面。在教学领域使用技术设备和软件有助于提高学习兴趣。此外，有关国家的教师和政府一直在关注提高学生学习更多知识的兴趣。此外，教师还实施了4IR技术，使他们的教学更有吸引力。对当今教育领域有最强大的影响的是技术。学生应该具备在工业革命4.0期间蓬勃发展的能力，这将见证科学和技术的重大进步。必须调整传统课程，使其与技术更加兼容，并且应该更加强调批判性思维，解决问题、沟通、团队合作和创造性思维能力。教师必须愿意将技术融入英语课堂，这样才能取得成功，因为教师被认为是课堂中的重要组成部分。然而教师对将技术纳入英语教学犹豫不决，因为他们在同时兼顾技术与英语教学这两项任务时面临着诸多挑战。

新的时代明确提出了改变生活水平的新挑战和新方法，它与技术一起而来。这些问题需要讨论和强调，本研究也侧重于此。在某些情况下，它使教育机构受益于改善教学，而在其他情况下，则在学生分心、缺乏技术知识等方面产生了问题和挑战。安装软件和硬件设备的时间消耗是教师的另一个问题，因为安装过程中的时间消耗过多，他们没有足够的时间进行教学。如果在内容分发、教师角色和设施条件方面没有适当的协调和执行，在课堂上使用技术可能会相当令人畏惧。学校缺乏必要的资源，如台式机、打印机和可以将技术融入教学的教育软件应用程序。这也给这些机构和教育工作者带来了困难，因为学生必须使用一台计算机进行小组学习，而且一个班级中有大量学生。这可能会导致课堂上的混乱局面，在教学和学习过程中可能会影响教师。教师的职责之一是在学年结束时有效、充分地完成教学大纲。教师常对未能按时完成教学大纲感到焦虑，因为他们认为需要更长的时间来准备和实施。接下来，教师将无法充分利用新技术，除非他们接受良好的教师培训。然而，教师、教育软件专家、学校官员、院士和教育技术专业人员都需要共同努力，将技术融入课程。对当代学校场景有最强大影响的是技术。从开发新的技术工具到适应适当的教学实践以适应先进的教育资源，技术整合为教师的教学提供了重要挑战。将技术引入教学将为教师提供建立同伴和学生-教师互动的机会，同时为学生创造一个良好的学习氛围。增加教师和学生之间的点对点学习和分享机会，以及发展共同的教学技术能力，可能有助于最大限度地减少技术挑战和延迟教学时间。基于上述讨论，可以看出教师面临着一些问题。

（一）4IR 技术在教育中的应用

第四次工业革命或4IR指的是智能时代，在这个时代，自动化和颠覆性技术的持续发展已经改变了传统的工业和制造过程。4IR已经开发出一种描述生物世界与物理和数字世界之间界限模糊的方法。这是物联网、基因工程、机器人、人工智能以及许多其他技术进步的融合，在这个现代时代不可或缺。4IR技术在工业实践中带来了革命性的利润，有助于提高人们的效率。在这种背景下，这些技术从根本上扰乱了生活和商业的各个领域。增强现实（Augmented Reality，AR）与物理世界和数字世界相融合，而虚拟现实（Vitrual Reality，VR）在数字数据集中提供沉浸式体验。例如，欧莱雅和其他一些化妆品应用程序允许用户在购买之前试用产品。这意味着消费者可以在购买之前试用化妆产品。AR和VR促进了学生的参与，帮助他们更好地理解学习过程，帮助学习者实时学习和共享信息系统，帮助他们更好地专注于ESL的学习方法。除此之外，VR还可以被教师用于远程学习。3D打印使企业和组织能够打印不同的部分，或者在建筑行业中打印相关建筑。此外，在教学领域，教师利用它来培养学生的深入学习体验。借助3D打印，学习者可以加深对理论观点的理解。学生将能够通过3D打印学习尺寸参数的理论实践，这对学生来说是有益的。

机器人学考虑制造、设计以及商业用途机器人的使用。机器人通过人工智能的基础实现学习机制，因此ESL学习过程更容易被学生理解。它已经被企业用于移动物体和供应网络。然而，它也被发现融入了教学领域，以提高学生在学习过程中的参与度。

物联网传感器有助于监测与医疗可穿戴设备、汽车以及插入包裹中的其他跟踪设备的物理状况相关的不同方面。利用物联网学习者将能够参与与英语优秀的最佳从业者的沟通过程，有助于在学生中有效和突出地建立英语意识。物联网也可以用于基于监控、安全跟踪、培训等的教育机构。因此，无论课程中使用的技术类型如何，教育者都应该能够创建有趣的活动。这是为了确保学生积极参与活动，因为他们会感到有动力，表现更好。此外，教师应在使用这些先进技术方面得到足够的培训和曝光。

4IR技术的集成有利于英语教学，因为它使教学过程变得有趣，而这对学生来说至关重要。在这方面，教师一直在使用特色短视频吸引学生，努力提高他们理解词汇等的技能。视频有助于学生培养基于自然英语的口语技能。年幼的孩子喜欢动画电影和短片，年长的学习者可以借助新闻广播中有关时事的视频和电影来学习。在某些时候，学习英语可能会让学生感到沮丧和困难。在这种情况下，平板电脑和iPad上的软件应用程序可以有效地帮助学习者练习英语，并在活动和任务中获得乐趣。例如，Grammar Up等应用程序使学生能够测试他们在特定领域和主题中的知识。这些应用程序还被发现可以跟踪学生的进度，并允许他们通过摇动设备或平板电脑跳过几个问题。学生可以通过在手机或电脑设备上玩游戏来增加他们的语法、拼写以及其他英语技能方面的知识和技能。拼字游戏是一种有趣的游戏，可以帮助所有年龄段学习者学习拼写和语法知识。一些游戏还可以连接到互动白板，以提高学生的参与度。网络任务为学生创造了巨大的乐趣，这是通过互联网提高英语水平。为学生提供的任务依赖于他们对内容的了解以及掌握英语以完成任务的情况。在这种情况下，教师可以访问"网络任务"，根据先前开发的网络任务访问数据库和教程。学生通过体验式学习获得重要信息，但在学校预算有限的情况下，不能选择实地考察。在这种情况下，数字实地考察是教师帮助学生获取新信息的绝佳选择。在这方面，年轻学生可以通过基于"4-H虚拟农场"的虚拟旅行来学习词汇。

4IR技术将使学生能够从与他人的交流中学习与主题相关的因素，这些技术极大地促进了交流过程。学习者和教师可以在教学过程中有效地使用此应用程序。这也可以在当前的教学场景中使用。视频会议可以在该软件应用程序的帮助下举行，学生可以与之互动。此外，协作教学和学习环境可以持续开发。总体而言，现代世界的技术增长毫无疑问是普遍存在的，因为它已经成为每个人生活的一部分。学习者不仅作为在新的学习愿景下获得基本技能和信息的学习者受到鼓励，而且他们还负责确定使他们能够学习这些技能和知识的来源。教师负责为学生提供适当的环境或设备，同时跟踪学生的学习进度，从而帮助学生学习。

（二）当前的挑战

学生滥用技术的引入可能会对滥用技术设备和软件产生负面影响。学生滥用技术的可能性很大，他们可以将其用于娱乐目的。在这种情况下，教师需要掌握有关技术使用的重要知识，以便在教学不需要的特定时间锁定学生的设备。由于学生共享可能影响其他学生学习过程的错误信息，技术将导致误用。此外，教师还需要在制作视频或演示以及客座讲师来访时锁定系统，这所需技术的成本很高，这对教育机构的管理团队来说是一个巨大的问题。有时，由于成本较高，属于低收入群体的学生无法学习，因为他们无法为学习支付太多费用。所有学校和机构可能没有足够的资源来实施可能会给教师带来问题的技术。教师缺乏技术技能和知识会在技术实施和实践中造成巨大困难。关于这一点，在实施学习和教学技术之前，管理团队需要确保教师知道使用技术设备或软件。一些无法处理此类高等创新技术的教师在通过技术部门支持学生方面经常面临问题。因此，学习的过程被破坏了，学生经常面临问题，因为教师不清楚他们的问题。在这种情况下，教师在使用先进技术进行教学之前需要专业发展。教师必须做好准备，将技术融入英语课堂，这样才能产生成效。教师被视为课堂中不可或缺的一部分。即使教师面临这些挑战，他们也需要能够找到解决方案，因为这会影响他们使用先进技术的自信心。缺乏知识或对使用技术有信心的教师需要接受更多的支持和培训，以便在教学中使用技术。

三、第二语言对于文化认同的影响

语言是儿童、青少年和成年人产生族群归属感的桥梁。在所有年龄段中，遗产语言的熟练程度越高，其民族认同感和对民族群体的归属感就越强。然而，讲遗产语言的人对其遗产语言和多数民族语言的文化归属感各不相同。例如，来自少数群体的个人有时会报告其身份认同的冲突，即他们既想保留与其遗产语言相关的文化价值，又想融入与多数群体语言相关的文化。多群体伦理身份测量和种族身份量表的开放式问题中发现，双语儿童表示对能够说第二语言感到自豪，对文化多样性表示赞赏，喜欢只用第二语言与朋友和家人交流，并对帮助父母学习英语以及反过来向父母学习西班牙语表示积极的态度。在同一项研究中，一些儿童认为第二语言有时令人困惑或太难。此外，与上一代相比，双语者每代都更有可能融入东道主文化的风俗习惯。因此，在双语者中，与第二语言能力和迁移有关的因素，如第二语言的学习年龄和浸入时间的长短，可能会预测文化认同。

通过媒体接触第一语言（L1）的机会增加、第一语言熟练程度提高、浸入第二语言（L2）家庭环境的年数减少，但浸入第二语言学校/工作环境的年数增加，都会使第一语言文化归属感增加。与此相反，在第二语言学校/工作环境中浸泡的时间越长、第二语言口音感知程度越低、第二语言习得年龄越早，对第二语言文化的认同感就越高。这些研究结果表明，与第二语言相关的因素同时影响第一语言和第二语言的文化归属，而与第一语言相关的因素只影响第一语言的文化认同。

美国自二战以来一直是超级大国，是包括政治、经济和文化在内的许多领域的中心。因此，美国文化内涵在西方文化中起主导作用。从这个意义上讲，西方文化的传播基本上就是美国文化内涵的外在表达。此外，语言被认为是最重要的文化载体，因此学习美国英语肯定会影响中国大学生的思想，特别是考虑到美国英语学习的热潮在21世纪的第一个十年达到了高潮，如今，掌握美国英语的价值在中国已经上升到前所未有的水平。

大学生的英语水平已经成为他们求职或深造选择过程中的重要标尺，但由此产生的文化认同危机愈演愈烈。他们尝试在第二语言环境中重塑自我，找到文化认同。

语言损耗是指个人失去第一或第二语言或该语言的一部分。经常使用一种以上语言的说话者可能不会以与单语说话者完全相同的方式使用任何一种语言。例如，在顺序双语教学中，经常有证据表明第一语言（L1）在第二语言（L2）系统中受到干扰，或者相反。描述这些干扰现象并根据语言学知识的理论模型对其进行解释一直是应用语言学关注的焦点。最近，研究已经开始调查语言交流，但情况正好相反："第二语言干扰和与第一语言的接触。所有双语者都可能在某种程度上经历过这种现象。然而，在母语以外的语言开始在日常生活中发挥重要作用（如果不是主导作用）的说话者中，这种现象最为明显。"只有在过去的几十年里，语言损耗研究才成为语言学的一个分支领域，始于 1980 年在宾夕法尼亚大学举行的题为"语言技能损失"的会议。这次会议的目的是讨论第二语言流失的领域以及未来第一语言流失研究的可能领域。会议透露，自然减员是一个广泛的话题，涵盖了不同类型的语言损失，造成这种损失的原因有很多。与此相关的一个现象是，由于与其他更占主导地位的语言接触而丧失语言，可能导致语言死亡。2002 年和 2005 年在阿姆斯特丹举行了两次会议，2007 年至 2009 年举行了国际双语研讨会，2008 年欧洲第二语言协会年会和国际语言应用协会（AILA）世界大会召开。其中一些会议的成果已发表在编辑版和特别期刊上，如《神经语言学杂志》《国际双语和双语：语言与认知杂志》。

语言损耗的研究涉及许多学科，如心理学、神经科学、社会学和语言学，研究的主题也大不相同，如病态和非病态的语言残留物。研究人员从不同的出发点出发，有不同的方法、目标和结果。最初关于语言忽视的定义工作并不统一。因此，出现了几个相关的术语，如病理学研究中的语言缺失、语言萎缩和语言失语；社会学研究中的语言变化、语言迁移、语言死亡和语言老化；心理语言学研究中的语言遗忘、语言倒退、语言侵蚀、语言退化、语言衰退、语言分裂、语言萎缩和语言突变。在本书中，语言衰落一词是指汉森在2001年提出的"语言遗忘"理论。他解释了最近五年的研究成果，包括储蓄范式假说、再学习假说。施密德从社会语言学角度系统地评价了语言损耗研究。假设包括：回归假设、检索失败假设、储蓄范式假设、再学习假设、中介语假设、通用语法假设和其他假设。总的来说，他指出，无论是在"正常"的遗忘过程中，还是在失语症或痴呆症等病理状态中，最先学习的内容都将被保留在最后。作为语言遗忘的模板，回归假说长期以来似乎是一个有吸引力的范式。然而，第一语言和第二语言之间也有相当大的互动，因此，无法观察到直接的"回归模式"。

中华人民共和国成立以来，越来越多的人开始学习外语。1977年恢复高考和1978年"改革开放"政策后，英语学习成为中国教育的必修科目。"目前，中国政府正不遗余力地在以英语为基础的教育、教学和研究中推广外语，将英语视为发展综合教育的重要环节，是提高整体素质的重要方面。我国的英语教学是现代化的重要方面，是改革开放的关键，也是最重要的方面之一"，是最终实现中华民族伟大复兴的重要保障。在中国，美国英语教学渗透到各个层次的教育，从小学生到博士生。现在，甚至幼儿园都提供美国英语课程。害怕孩子落后于其他孩子的家长都渴望让孩子尽早学习英语。新东方教育科技集团、疯狂英语、新概念英语、跟我走等英语培训班如雨后春笋般涌现。大学英语四级考试和大学英语六级考试是衡量中国大学生英语水平的最重要的考试。此外，如英语专业4级考试（Test for Enghish Majors-Band 4，TEM-4）、英语专业8级考试（Test for Enghish Majors-Band 8，TEM8）、英语作为外语的考试（The of English as a Foreign Language，TOEFL）、国际英语语言考试系统（International English Language

Testing System，IELTS）专为学生设计，以证明他们使用英语的能力，并为他们颁发证书。大多数公司、机构和组织在选择员工时都将英语能力作为首要素质之一，对于求职来说，英语在工作分析和晋升中起着非常重要的作用。毫不夸张地说，学好英语是大学生走向光明未来的关键。社会环境对学习者的动机有很大影响。语言社会化理论将语言、文化和社会行为的研究视为一个不断融合的过程。

到目前为止，很难看到学者对文化认同给出任何简短而充分的定义。这并不是因为他们不足以完成这项工作，而是因为"文化认同"一词有着广泛的复杂含义。即使有可能，试图将所有丰富的含义集中到一个单一的综合定义中也不是一个非常明智的想法，因为这会破坏这个词的内涵。为了表明含义的多样性，特里·伊格尔顿给出文化认同的广义定义：在社会生活中产生意义、符号和价值的过程；一个特定社会群体或阶级的思想体系；有助于使主导政治权力合法化的思想；有助于使主导政治权力合法化的错误想法；系统性扭曲的沟通；为一个主题提供位置的东西；受社会利益驱使的思想形式；认同思维；社会必需的幻觉；话语与权力的结合；有意识的社会行动者理解他们的话语的媒介；以行动为导向的信念；语言现实的混乱；符号闭合；个人与社会结构的关系不可或缺的媒介；社会生活转变为自然现实的过程。

还有人认为，"文化认同"一词是由不同概念股的整体组织编织而成的；它被不同的历史所追踪，评估这些谱系中哪些是有价值的，哪些是可以丢弃的，这可能比强行融入某种大全球理论更为重要。文化认同一词具有广泛的历史含义，一路走来，从不切实际的广义的社会决定思想，到令人怀疑的狭隘思想，即为了统治阶级的直接利益而利用虚假思想。很多时候，它指的是符号、意义和价值观如何帮助再现主导的社会力量；但它也可以表示话语与政治利益之间的任何重要联系。"文化认同"一词由一系列观念组成，如目的、思想和期望。这是一个全面的愿景，一个与公共事务相关的抽象思想体系，可以影响社会和社会内部的人。

在社会学中，它被定义为一种社会进化论："社会中存在着潜在的、基本上不可抗拒的力量，这些力量就像在动物和植物群落中运作的自然力量。因此，人们可以制定类似于自然法则的社会法则。这些社会力量的种类足以通过社会群体之间的自然冲突产生进化进步。最适应和最成功的社会群体生存这些冲突，提高社会的进化水平，或者简而言之，适者生存。"

随着美式或英式英语的学习，中国大学生可能失去母语。根据语言损耗理论，他们能失去对中国文化的归属感，转向他们正在研究的文化。

通常，中国学生很难理解美国人处理事情的方式。众所周知，美国是一个高度发达的国家，是一个组织良好的公民社会。一些美国公民随时准备向需要帮助的人伸出双手。然而，他们提供帮助的方式与中国人的截然不同。例如，在中国，当我们提供帮助时，我们通常会用更直接的方式来表达，在美国，他们通常会说"我可以帮助你吗？"或"我可以向你提供我的帮助吗？"他们可以先请求允许，而句子的主题是"我"。这样，接受帮助的人就不会觉得自己不如别人。这更礼貌，也反映了平等的理念。例如，在中国，一个年轻人在公共汽车上把座位让给了一个年长的人，会受到表扬。但在美国，同样的事情会被证明是冒犯。因为如果你未经允许将座位让给长辈，长辈可能会认为你认为他太老了，不能照顾自己。所以，现在，中国大学的志愿者在试图帮助别人时，更可能会说："我能帮你吗？"这是显示他们思维模式变化的一种方式。在英语学习过程中，巴拉克·奥巴马当选美国总统时发表的著名演讲为所有大学生所熟知，他在演讲中表示："如果有人仍然怀疑美国是一个万物皆有可能的地方；如果还有人怀疑我们的创始人的梦想在我们这个时代是否依然存在；如果有人依然质疑我们民主的力量，今晚就是你的答案。"演讲是如此有力，没有人不会受到深刻影响。现在在中国的大学里，无论你来自哪里，农村还是大城市，你都有同等的机会接受高等教育。中国大学正在为需要帮助的学生提供更多补贴和新政策。如今，性别歧视在中国的大城市中很少出现。然而，在农村地区，这种现象仍然存在。由于学生正在接受大学教育，尤其通过英语的学习，平等的思想已经深入人心。有一部分大学生来自农村地区，那里的性别歧视仍然存在。然而，随着英语的学习，平等的思想在他们中间传播开来。女学生意识到她们可以做得和男学生一样好，她们的行动更加独立，主动权掌握在自己手中。

平等的理念不仅适用于人类，也适用于动物。在美国，狗、猫和其他动物被视为非常亲密的朋友或家人。在大学学习英语课程时，学生很容易接触描述动物和人类之间密切关系的美国电影。许多大学生家里有宠物，他们给宠物起了可爱的名字，并把它们当作自己最好的朋友。在社会上，随着越来越多的人加入动物保护团体，很少有餐馆出售狗肉。与此同时，自然选择的思想仍然影响着中国大学生。竞争一年比一年激烈。现在，学生在真正步入复杂社会之前变得更加容易沟通。他们在与其他民族打交道的方式上更具外交手腕，他们是一群渴望、不安分、健谈的人，对所有对他们来说都是陌生的人，他们都很随意、亲切。在英语课上，学生经常被要求站在舞台上，在其他学生面前进行演讲或口头表演。通过这种方式，学生的能力得到了极大的培养。他们在面试时不会害羞，他们更有可能展现自己最好的一面。只要不会演变成残酷的竞争，这样的竞争将使双方都受益。

就像硬币一样，一切都有两面。尽管中国大学生正在了解和熟悉美国的文化内涵，但美国文化内涵依然存在一定的负面影响。中国大学生非常熟悉感恩节、圣诞节和情人节等节日。在这些节日期间，有的商店里挤满了狂热的年轻人；有的餐馆其座位都订满了；电视、广播和广告有时与节日的歌曲相呼应。中国有的年轻大学生对美国节日的了解比对自己国家的节日的了解还要多。事实上，研究表明，有的大学生现在不再过中国的传统节日，如中秋节、端午节、重阳节等，而是过感恩节、圣诞节和情人节等节日。以情人节为例，有的年轻人更喜欢在 2 月 14 日庆祝，而不是在传统的中国文化中的七夕节庆祝，用精致的彩色纸包裹的甜巧克力和呈现爱情的红玫瑰在有的年轻一代看来更具吸引力。美国电影和小说中描述的所有浪漫场景都深深扎根于中国一些年轻人的心中。麦当劳和肯德基的快餐是一些大学生最喜欢的，但事实上，过多吃这些快餐对身体不健康，比如炸薯条和碳酸饮料。除了快餐之外，美国食物如红酒牛排、波士干酪、香草炸鸡等也是一些学生最喜欢的食物。有的学生喜欢美式食物而不是传统的中国食物。至于衣服的款式，有的学生喜欢购买美国品牌的衣服，著名品牌如 E-Land、Old Navy、Gapkid、Levi's、Betty、Snoopy，奢侈品牌如 Calvin klein、Abercrombie 和 Fitch、Jake Spade、Brooks Brothers 等。所有这些耀眼的品牌都不可避免地影响学生的文化价值观；当他们试图追随美国生活方式的潮流时，他们很可能会失去自己的归属感，换句话说，他们会失去自我身份。这种失去自我身份的不确定感会对他们的性格产生微妙的影响，比如自卑享乐和盲目崇拜。这是我们应该特别谨慎的部分。至于娱乐，如环球电影公司、派拉蒙影业、20世纪福克斯电影公司、哥伦比亚影业公司、华纳兄弟、布鲁斯、吉米吃世界、碧昂丝、詹妮弗、《生活大爆炸》《白领》《精神主义者》《豪斯》《绯闻女孩》，其他如小说、杂志、报纸等正在成为一些大学生生活中不可分割的一部分。在英语学习过程中，通过看电影和听歌曲来练习听力和语感是非常有效的。随着英语的学习，学生的母语汉语可能会倒退，因此他们可能会崇拜美国名人。大学生很容易受到美国式英雄主义、享乐主义、个人主义的影响，其中，个人主义是最有害的。中国人以集体主义为最重要的意识形态，把国家和民族的利益放在首位，而美国人认为个人自由和自我利益是基本人权，任何个人、机构或政府都不应该干涉他人行使个人权利。事实上，有的中国大学生轻视传统文化，因此，了解原因很重要，这样我们就可以在吸收美国文化精髓的同时，弘扬中国的爱国精神，弘扬中华民族的优秀文化遗产。

第四章　我国英语教学改革实践

第一节　基础阶段英语教学的改革实践

教学的改革总是沿着理念的改革而进行的。正如第二章所说，对于基础英语教育而言，无论是从理论还是实践得来的成果来看，任务型教学理念必定是当前以及未来基础英语教育的改革趋势。

语言教学的变化贯穿于该学科的整个历史。基于对特定历史时刻的方法有效性的这种明显无休止的不确定性，还有一种长期的探索和努力，以寻找更好的语言教学方法，这意味着承认对正在进行的方法和程序的不满。在 20 世纪下半叶，这些方法论的变化更加频繁，对教师和学习者来说也更加紧迫。不同文化和语言的人之间有交流的需要。由于旅游和全球化的影响，人们学习语言的速度越来越快，效率越来越高。领导一个新的沟通系统也与前几个世纪的情况大不相同：我们需要更多的口头沟通（不仅仅是写作和阅读），我们不能等待数年才能进行真正的沟通。学习语言的迫切性在全世界的社会中随处可见。寻找新的、更有效的方法是我们的社会组织和流动沟通需求的结果。方法学的变化在短时间内相互跟随。尽管大多数教育创新都以失败告终，但大多数创新都会产生积极影响。但新方法并不是突然出现的，也不是与它们诞生的世界脱节的。它们与当前的方法学实践重叠了一段时间。这个"孵化"期是对新想法的真正考验：有些人通过了测试，有些人没有。在这个过程中出现了许多讨论、争论和反驳。但有时，在某一时刻被认为是对现有实践的决定性收获，几年后被证明是错误的，取而代之的是一种新的理论或方法。再次结局将在哪里？如果有一个流行的方法，那么它通常是最适合当时的挑战、需求和需要的方法。

　　学习第二语言，强调意义而抛开形式是不合适的。此外，无论是有意识还是无意识，许多学习者都不接受这种方法，并以某种方式重新建立对形式的关注。与此同时，过程在任务执行中的重要性也被强调，而正式的语言目标则被置于次要位置。这引入了一个新的问题：如果在执行任务时真正重要的是达到最终阶段或目标，那么这个过程应该是次要的，从属于这个最终目标，因为它定义了通向目标的道路，但它的"存在理由"在于它所服务的目标。从这个角度来看，一个过程"本身"是没有意义的，除非它与它所追求的目标相关联并从属于它所追求的目标。然后必须提出一个问题：现实世界的任务以何种方式"进入"课堂并适应课堂？首先，如上所述，并非所有现实世界任务都符合教学目的。对语言学习有用的任务是那些需要或有利于通过语言进行交流的任务。许多作者所指的任务的社会层面在这里找到了其根源和理论基础。如果语言学习任务不能让学习者参与到交流中来，那么它对于交际目的来说是无用的。正如上面所指出的，很明显，并非所有的现实世界任务都涉及这个社会维度。任务也是以目标为导向的。目标属于任务本身的性质。事实上，它们是促使学生参与任务的最终触发因素。然而，在教学任务中，我们偏离了现实世界任务的主要目标，增加了新的目标：在执行任务时使用语言是一项要求，购买前往纽约的机票意味着任务开发的所有阶段都将面向"购买机票"，而不是其他目的。任何妨碍实现这一目标的行为都将成为障碍，并降低行动效率。当这项任务被带入课堂并转化为"教学任务"时，就会发生一个重要的变化。学生可能会花一些时间在字典中查找未知单词；教师可能会问学生一些语法问题；在找到正确的表达方式之前，学生可能会重复同一个单词或句子几次；他们可能会在理解信息等方面浪费几分钟时间。在课堂环境中，没有人真正担心任务的积极结果——买票，而是担心其他事情：建立正确的话语，找到正确的单词和注册，以要求价格或位置。任务的"语言层面"才是课堂上真正重要的。因此，该任务的主要目标已从最初的现实世界价值转变为另一个以语言为中心的目的。教学任务将现实世界的任务作为实现不同目标的借口。现实世界任务和基于它们的教学任务之间有着密切的关系，但它们的主要目标是不同的。执行任务的动作从属于定义任务的目标。同时，作为行动和整个过程基础的程序必须以效率指导标准设计。因此，结论是，如果目标发生变化，将采取的行动也很可能发生变化。这是现实世界任务与教学任务的情况。

现实世界中的任务复杂程度各不相同。教学任务也是如此。一项任务可能只由一项或多项活动组成，这不是一件简单而容易的事情。此外，一项任务还可能涉及一些其他任务或子任务。"买票"可能意味着打电话给旅行社，赶公交车并支付车费，讨论可用的选项，比较价格，描述度假胜地，或在互联网上寻找不同的选项，阅读可用的车票类型等，一项活动任务适合任何教学大纲或课堂，没有问题（其表现所需的语言资源很容易定义）；一项由多个活动组成的任务，或涉及其他任务或"子任务"的任务，在其实现所需的单词和结构方面可能要求极高。当一项任务只需要一项活动时，学习者将不得不应对相对容易的交际情况，但当面对更复杂的交际序列时，这些要求将克服这些困难。在这种情况下，教师在"组织"或管理学习方面也会遇到类似的困难。他们认为，预定义的教学大纲通常是基于内容的（教学内容之前已定义），而基于任务的教学大纲应该是以过程和意义为导向的，学习者可以在其中构建自己的教学大纲。根据学习者的需要，找到自己的学习道路，运用他们的先天能力来满足他们所从事的任务所产生的交际要求。学习者在定义教学大纲时的主导地位应排除教学大纲设计中的一些常见问题，例如与外部学习材料排序有关的问题。这种排序应该在什么时候进行（在课堂上使用材料之前或之后），或者由谁负责（学习者、教师、教师加学习者或教学大纲专家）并不总是明确的.排序是一个重要问题。毕竟，即使当孩子们学习第一语言时，习得也遵循着一种相当普遍的模式，这种模式显然更基于简单与复杂的轴。从形式的角度来看，更简单的由较少数量的元素整合而成；增加元素的数量意味着增加复杂性。下面我们从语义（意义）的角度来处理这个问题。标准相似：一个简单的"思想"包含更少的思想或语义单元，而一个更复杂的"思维"包含更多的思想和语义单元。我们知道，孩子们首先学习声音（最简单的语音单位），并从中转变为更复杂的语音单位或声音序列：音节、单词、短语、简单句子和从属句子。

第二节　提升阶段英语教学的改革实践

大学英语，对专业要求很高，这是以英语作为媒介和教学语言推广目标的通识教育，大学英语需要更专业的技能，是一种支持普通教育的语言和教学环境，大学英语的特点与小学英语教学的特点有很大不同。我们只有充分考虑到该学科一些的具体要求，才能实现该学科教学的最终目标。随着大学生英语水平的提升，个性化教学理念必定会与整个国家素质教育政策越来越契合。

一、个性化教学课程设计实践

在《大学英语课程教学要求》当中提出，高等学校应当从自身的情况出发，按照课程要求以及学校大学英语教学目标进行课程体系的设计，实现必修课与选修课相结合的模式，包括语言应用、语言文化、专业英语、综合英语、语言技能等，进而使不同层次的学生可以在英语应用方面的水平有显著提升。由此可见，在个性化英语教学设计当中必须以个性化的教学目标为依据。其课程设置应体现多元化、组合化、模块化模式。

（一）课程设置的多元化

大学英语个性化教学内容的设计，主要体现在普通英语教学与专业相结合的课程融合，个性化选修课数量和种类在课程类别总量中增加，大学英语教学专门用途英语内容的增加，为未来学生学习专业英语，甚至双语学习打下良好基础。大学英语课程设置的多元化，首先不排斥传统大学英语教学目标和学生需求，对以传统大学英语阅读为核心的大学英语课程群可以保留，以满足学生考级和考研的需求。同时，增加以大学英语听说为核心的课程比重，满足中外交流频繁背景下对英语学习者听说能力要求不断提高的社会需求。另外，有选择地设立专门用途英语课程，把大学英语与学生的专业相结合，有利于实现学生专业领域当中英语综合应用水平的提升，尤其听说能力的全面提高，进而帮助学生在未来的学习、生活和工作当中，可以更好地利用英语开展交流。

不同学习需求指向下的不同教学目标，决定了不同的课程设置和教学内容的选择，以满足学生不同的个性化需求和目标。以专门用途英语课程教学内容为例，要通过需求分析方法，向用人单位和企业了解学生在职业中所需的外语知识、素质和能力，同时了解学生英语学习的主观需求和实际需求的差异，即个性化需求，找到社会需求和学生个性化需求之间的差异，以便确定课程的具体内容和要求，设计课程活动，实施个性化教学。

在个性化教学内容设置上应当针对学科所存在的各自特点，对不同学科英语需求进行分析，从而开展多样性的教学内容，掌握各专业课程的分配情况，按照大学英语教学目标、学生个性化特点，使得在英语课程设计当中能够有意识融入跨学科的东西。同时还要能够对中学生未来的专业发展和就业需求开展分析，让英语能够更好地帮助学生获得成长和进步，让学生在语言学习的过程中，可以认识到语言的作用和地位。不管怎样，关于大学英语教学重要的就是能够明确教学目标，实现英语教学和个人职业规划的融合，让语言教学成为服务学生基础知识积累、实践能力提升的重要方式。大学英语课程的多样性与学校生活的多样性有关。根据内容的不同，它被分为普通英语、学术英语和科技英语。学术英语和科技英语包含在专门用途英语中。在组织高等教育英语课程时，课程的设计应使课程的内容、复杂性和目标得到有效协调。在不同层次的高等教育中，每类课程的比例各不相同，应根据学术发展和大学的具体特点来设计个别模块。

（二）课程设置的组合化

传统大学英语的教学内容往往表现出一种统一性，教材基本统一，教学内容基本一致，这成为阻碍学生个性发展的一个主要因素。这种统筹划一的教学内容设计，从某种程度上便于教学安排，有利于统一考核，降低教学成本。但不同教师在教授具体内容时，有不同的偏好，更重要的是，这种模式基本忽略了学生风格和学习需求的差异性。统一的教学内容，也不利于教师对教学内容进行个性化的处理，采用更具接受性的教学方式，可使教学内容更好地展现在学术面前，满足学生需要，让学生自觉地开展学习。

多元化的教学内容组合是个性化大学英语教学的重要组成部分。不同的教学内容组合，为学生提供了不同学习方式的选择，或着重自主学习，或强调研究性学习，或突出体验式情景，或发展反思性的思辨思维能力，学生通过自主选择教学内容，获得适合自身特点和需要的第二语言习得方法，提高英语语言技能应用和实践经验，反思教学内容的适宜性。在以往的教学中，教师按照教材的编写思路和对课程的个人理解，结合课时等外在条件的要求，对教学知识内容做分割和组合。但这种理解往往带有较强的个人色彩，知识之间或是孤立的，或是随机联系的，并没有基于学生的学习特点和需求，没有站在整体上考虑问题，也没有以通达思想对知识内容进行分析，了解学生整体的情况。而多元化的大学英语教学内容安排，要求以综合化的思想，整理和改造不同单元的大学英语教学内容，避免知识内容的重复性问题，给学生提供多元化、综合性的学习材料，使学生能够拥有个性化、明确性的学习思路，掌握和认识自己的学习内容、方式和过程。

现有的课程设置要求学生必须同时参加听、说、读、写、译各门技能课程学习，而多元化的大学英语教学内容要求下的课程设置，将五项技能课程进一步分工，进一步具体化和工具化，将听、说、读、写、译相对独立开来，或分别组合，形成听说、读写、写译等不同课程类型。学生应当从自我专业的需求情况出发，积极探索满足自己兴趣爱好的课程，可以进行营养性学习，缺什么补什么，或是进行刺激性学习，擅长什么学什么，在某些英语技能上追求卓越。也可以把作为通用英语的听、说、读、写、译等技能课程与强调专业需求的专门用途英语课组合起来，形成更丰富的大学英语教学课程组合。当然，学生的专业和英语学习兴趣不总是一致，这时我们在积极的引导之外，还要充分尊重学生的学习兴趣。不管多元化教学内容呈现出何种组合形式，其核心目的都是满足学生的个性化需要，进而激发学生的学习动机。学习动力增强，学习的效果自然会提高。

（三）课程设置的模块化

多元化教学内容要求课程设置不断模块化。充分对学生存在的个体进行考虑，然后对大学英语教学采取分级分类方法，让学生能够从自身知识水平出发，找到适合自己的类别。同时，在课程设置上开设必修课和选修课模块，在不同模块下，设立不同课程，突出不同教学目标和教学内容。按照模块比重的不同，在教学过程上也存在出入，从而满足学生多元、个性的学习需求，逐渐地使教学中能够增加文化教学以及非语言技能教学的内容，让学生的英语学习更为突出个性、专业。例如，我们可以在学生第一、二学年开设必修课程，即基础阶段的大学英语课程，课程可以包括读写模块、听说模块等，使大部分学生达到"课程要求"的一般要求。在第三、四学年，我们还可以开设选修课程，包括技能类课程模块和文化类课程模块，让部分学生达到"课程要求"的较高要求和更高要求。技能类课程模块可以包括"英语实用写作""大学高级英语""英汉互译""英语高级口语""英语视听说"，可以使学生有机会进一步发展自己的强项，弥补弱项；文化类课程模块可以包括"英美文学赏析""英美文化""英语电影赏析"等，使学生对目的语文化有更进一步的了解和认识，有助于丰富他们的知识结构和人文素养。

精读加听力，这是以往大学英语课程设置的主要模式，而今正逐渐地走向综合英语加视听说再加网络自主学习模式。个性化教学要求的突出，又推动了该模式进一步升级，实现了精读、视听说、专业用途英语、网络自主学习的综合性模式。精读与视听说的课程模块，强调英语语言技能，可以以必修课的形式出现，保证其在大学英语教学中的核心地位。根据学生的个性差异，可以适当调整前两个课程模块的比重，相机引入专门用途英语课程模块，可以选修课的形式供学有余力和有专业需求的学生考虑。网络教学给学生增加了更多的选择空间，学生能够从自身在语言上的感兴趣之处出发，利用语言学习上的优势，从而实现专业需求和时间上的配合，找到最符合个体成长的学习材料和学习内容，不断监控自己的学习进程，及时调整学习内容和方法。教师应当实现教学方式的转变，转变过去以教师为中心的模式，逐渐强调"以学生为中心"的自主性学习。网络教学平台下，在课程安排上应当更多地考虑学生个性因素，给学生提供更为具有实际意义的材料、价值资源等，扩大材料范围、涉及层面，实现资源的充分性，如此才可以满足学生各种不同的学习需要。

（四）通用"英语＋专业"英语模式

目前国内各个高校的大学英语教学与英语专业教学间的区别日渐模糊，英语专业学生和非英语专业学生间的入校英语成绩和基础差距也在逐渐缩小，教学中课程设置、教学内容、教学手段以及考核方式与难度也逐渐接近。英语专业教学目标是在完成一、二年级基础阶段的技能培养后，逐渐将英语语言技能同英语语言文学专业知识结合起来，甚至与社会需求较大的部分相关专业结合起来，形成复合式和应用型的人才培养模式。

在英语专业与非英语专业英语教学内容逐渐趋同的大背景下，大学英语教学如还坚持通用英语的教学部分，即强调英语基本技能的培养，延续中学英语的教学内容，不与学生的相关专业结合，不转向专门用途英语的教学，会使一些学生对大学英语学习的兴趣和动力受到打击。专门用途英语可以满足英语学习者的学习需求，也可以满足社会对大学英语的职业需求。因此，大学英语教学需要在坚持原有的通用英语教学的效率的同时，引入专门用途英语课程，并让专门用途英语课程占据大学英语教学的较大的比重。X因素指的是某种特殊需求下的英语听说读写译五项基本技能中的某一项或几项。社会不断发展，不同职业对大学英语基本技能的需求偏好不同，有些职业偏重英语学习者的听说能力，比如外事部门和驻外企业等。

通用"英语＋专业"英语的课程设置模式，可以考虑做以下教学内容的安排：第一、二两个学期的通用英语教学，这段时间，英语语言基础是教学重点，培养英语日常口笔语交际能力，为未来的大学英语学习打下坚实的基础；第三学期以专门用途英语词汇为主，重点提供各个学科相关的专门用于英语课程，借助课程教学，帮助学生掌握本学科本专业的核心词汇和主要表达方式；第四学期以专门用途英语与X因素结合，或读写，或听说，帮助学生学习本专业领域内的口笔头英语交际能力，甚至学术交流能力。

该课程模式下，可分别设立大学英语必修课和选修课。必修课以通用英语课程为主，遵循由易到难、循序渐进的教学内容分配原则，辅以部分专门用途英语的前期辅助课程，可以按学科大类，设立如科技英语、农林英语、商务英语的阅读课程。选修课以专门用途英语课程为主，主要考虑学生的专业特点和学习需求，尽量安排到第三或第四学期进行，这样学生已经在本专业的基础阶段学习中对本专业的基本概念和知识有了一定的认知基础。

选修课程是最能反映个性化教学特点、满足学生个性化需求的课程类别。目前，国内高校纷纷设立选修英语板块，即不只是基本课程的建立，还在学术、文化、专项技能等英语模块上进行设置。英语专项技能课程包括诸如口语类、写作类、听说类、翻译类课程，这类课程重在提高学生的听、说、写、译等基本语言技能，属于因素的范畴。

二、大学英语个性化教学方法的设计实践

个性化的教学方法，要注重实现从以往以传授为主的教学向以指导为主的教学转变，注重学生主体地位，以培养学生发现问题、分析问题和解决问题的能力为主要任务，重视英语知识应用技能的培养，尤其学生在职业和生活中英语语言的综合应用能力的培养，这样才能让学生在未来的生活、工作、社会当中更好地开展口头英语交流与沟通，适应国内国外环境变化。个性化教学方法重视因材施教，重视交流互动，在交流中解决课堂教学中遇到的问题，提升学生的语言能力，充分尊重和适应学生之间的个性化差异，保证教学方式的灵活性，以及教学情境的多元化，增强教学过程中的趣味性、互动性，提升学生兴趣，集中学生的学习注意力，使他们积极主动地参与到教学当中。

（一）分级分类的教学方法

"以学生为中心的"教学是对个性化教学的重要体现。近年来各高校的教师在不同级别和类别的大学英语教学中，不断尝试各种不同的新的方法。我们可以在低级别的大学英语课堂上，采取情景教学方法，使英语教学贴近生活，启发学生的分析问题和解决问题的能力，培养学生的批判性和创造性思维，鼓励学生探究式学习，积极主动思考，在语言实践活动中提高英语语言应用能力。

这种话题内容的出现往往会引起学生较大的反响。对此，教师就可以通过话题开展分组方式进行课堂辩论赛。在进行辩论之前让学生做好充分的材料准备，通过辩论就能够实现学生之间有效的提问、互动和点评，进而提升课堂参与度。这种形式将会让学生拥有更好的实践机会，让学生更好地表达和参与进来，这样学生的英语水平自然得到了提升。

在高级别的大学英语课堂上，采取任务型和研究型教学方法，组织和开展课堂小组讨论，建立课题研究小组，提交课程报告等教学活动，在教学中积极引导学生参与，把英语的工具性作为第一因素，充分考虑英语学习者的个性需要，培养学生使用英语语言技能，完成研究性任务，进而提升专业水平和能力。

（二）教学方法的多样化和灵活化

教学目标对教学系统起着根本性的制约作用，它既是教学活动的出发点，又是教学活动的归宿。教学目标中的多维结构决定的教师教学的多维功能，即传授知识、发展能力、教书育人。功能的不同，实施的方法必然不同。所以，教学目标的多维性决定了教学方法的多样化。同理，个性化教学目标的多维性决定了大学英语教学方式的多样化和灵活化。为了适应学生不同的学习风格和需求，教师要采用多种知识呈现与传达方式，让学生有更多的选择方式和接受空间，充分调动他们学习的积极性，促进他们更好地掌握所学知识。常见的教学方法形式，可以归纳成以下四种。

一是传统的讲—演—练的教学方法。在课堂上，教师讲解教学重点和语言知识点，通过实例演练，开展多种教学活动，给学生以练习的机会，通过重复和重现，加深学生的认知和记忆，把语言知识概念化。

二是以视听说为主的教学方法。由于生理因素存在差异，不同学生对视觉、听觉和表达有不同程度的偏好，因此所表现出来的对外部环境的刺激，会产生不同的反应。对这类学生应着重激发他们的视听说的潜力，采用各种刺激手段和教学策略，按照不同偏好组合，适当配比，充分利用感官刺激效果，提高教学效率。

三是自主学习和合作学习形式，对不同学习特点的学生采取不同的教学形式。对偏好独立学习、喜欢安静学习环境的自主型英语学习者，可采用自主学习和教学方法；合作型学习者更偏好教师采取小组学习和教学方式，学生与学生之间、学生与教师之间合作学习，教师采取有针对性的指导。

四是选择合适的教学方式。在大学英语教学中，教师根据学生的学习特点和教学条件，采取与之相匹配和适应的教学方法。可大班集中讲练，也可小班合作研讨，可以采用听说法，也可采取传统语法翻译法，可以采用面授式，也可采用启发式、探究式和参与式的教学形式，既注重教法也重视学法和元认知策略教学，相机选择教学方法，有效选择和组合教学手段和方法，这样才能帮助学生学会主动接受知识、有效掌握知识，更好地促进课堂教学效率，教会学生"如何学"。尊重学生学习上所具有的主体地位，满足学生个体化需要，以及突出学生情感需求，实现因材施教的目的。

第五章　我国英语教学改革趋势

第一节 基于基础技能的英语教学方法改革趋势

"听、说、读、写、译"是英语学习的五项最基础技能。下一阶段的英语教学改革趋势，必然是由这一系列基础技能开始探讨的。

一、以翻译技能主导的教学改革趋势

翻译教学是语言综合能力的培养，是英语基础技能的最好体现。要通过大量的翻译实践，掌握一定的理论和技巧，逐步实现。翻译课程的目的是促进对两种语言的比较了解，加深对两种语言结构异同的理解，加深对基本语言和文化知识的理解，加强翻译理论和技巧的教学和应用，提高学生对各种翻译技巧的理解和成功应用的能力，加强学生对基本语言技能的掌握，提高对翻译过程的理解。在翻译教学中运用现代教学技术，可以显著提高学生的英汉翻译能力。

二、翻译教师角色定位的转变

现代教学信息技术在课堂教学中的普遍应用，无疑为课堂增添了全新的生命力与内容，更提高了对教师的要求。它要求教师不但要具有广泛的知识、丰富的教育经历和较强的教育能力，而且要求教师了解新的教育思想和教学方法，掌握适当的利用计算机、多媒体技术和互联网进行教育的基本知识，并能运用现代教育手段和技术。

互联网和其他在线资源使教师和学生之间，以及学生和学生之间能够交流信息和相互学习。学生也可以利用空闲时间进行自学。当今技术环境

下的英语教学模式要求教师从学习过程的中心转移到组织者、促进者和评价者的角色。为了成为学习的组织者，教师首先要制定周密的课程，包括学习目标、知识单元点，制定教学策略，选择教具、教学内容和评估方法，组织学习过程和确定学习主题。总之，要对学生的学习有充分的了解，包括其过程和效果。教师应将翻译的学习目标设定为指导原则，特别是在提供内容指导时，参照学习方式和教学方法，加强与基于信息技术的教学方法有关的指导。为了应对这一任务，教师需要了解信息技术支持的学习环境下翻译课程的知识分布、结构和教学方法，根据不同的内容为学生提供合适有效的教学方法，了解学生自主学习和协作学习中的最新问题，并及时准确地给予指导。教师通过在线作业批改和在线话题讨论，了解学生的学习状况，及时为学生提供帮助和在线支持。

三、翻译教学内容与教学改革

利用现代教育技术，教师可以改进翻译教学，扩大学科领域，更新课程，改革课程和教学体系。广泛利用互联网和现代教学手段，开发电子教案、在线课程和教育网站。及时更新网站内容，提供电子教案和丰富的网上资源，方便学生自学。通过开发翻译教学的新教材，加大对教学方法的研究，理论联系实际，使教师能够适应翻译教学和理论的发展，翻译技能教学转向现代翻译理论和技能教学，强调对优秀翻译实践的考核，拓宽学生的知识面，培养学生独立思考、批判性分析译文的能力和实践能力。过去的教学主要集中在政治著作、文学作品和诗歌的翻译上，主要是汉译英，使学生失去了许多通过翻译实践探索外面世界的好机会。随着社会的不断发展，为适应21世纪英语教学的更高标准，在翻译技能的教学中，应加强跨文化意识和交际能力，为学生选择各种贴近当代生活的新文本，并提供大量的优秀译本供学生评价和学习，以培养学生的能力。

第二节 运用现代教育技术改进翻译教学方法和手段

一、优化课堂教学

在译课中，需要为学习者带来丰富的原文。在普通课堂上，很多教师只能在黑板上阅读，占用宝贵的课堂时间。克服这一困难的有效方法可能是利用现代电子信息技术。教师还可利用课外知识精心准备电子课，并提供原文和翻译以及不同的文本。另外，教师也可提供原文和翻译，还有大量与课堂相关的电子课件、相关数据、解说词、文本资料以及图形，并经过投影和展示直接在课堂中应用，使课堂的教学更加充实、生动、形象。它还能够即时记录教学过程和课堂的信息，以供教师和学习者保存。

二、探究研究性翻译教学

在过去，翻译教学仅限于填鸭式的课堂教学。运用现代教育信息技术，探索研究型的课堂教学，将教育情境从课堂教学延伸至图书馆、资料室，使孩子的学习充实、积极。孩子们使用的工具书从一本到几本再扩展到百科全书、字典甚至多种语言的字典。为了让孩子能够在最短时间内学会利用读书所需要的各种工具书，教师需要指导孩子到图书馆和资料室中去学习图书中不同工具书的检索和使用技巧，克服各种障碍，与孩子一起探索。对孩子只利用一两本英汉词典和汉英词典进行读书的旧模式进行改造，使孩子学会利用丰富的学习资源。如此，课堂气氛充满一种讨论和探究的氛围，而不是简单的全教师教学。教师间开展互动启发式教学，教师之间或学生之间平等讨论翻译问题，引导学生发表意见，通过一起探讨翻译问题，开发学生的思想创新能力，培养学生思维活泼、积极探索、主动研究和创新的能力，最后帮助学生建立良好的学风和翻译风气。

三、利用互联网丰富教学资源

翻译人员往往站在知识和信息交流的前沿。在飞速发展的今天，由于知识的爆炸性输出和信息的更新，新知识、新信息、新材料、新词、新名词、新表达层出不穷，日新月异。由于出版周期和信息交流变化的限制，传统的纸质工具和工具书往往滞后于发展。不可避免地会有信息缺口，特别是在双语翻译中，会有很多盲点。这个在传统时代几乎无法解决的问题，在互联网时代可以得到更好地解决。翻译人员可以使用互联网进行搜索和查询。在互联网的帮助下，许多新词的翻译可以很容易地解决。互联网为翻译新时代打开了翻译辅助的大门。通过网络检索，学生还可以在词汇、搭配、用法、语言实例、频度等方面的判断和选择中获得充分的参考信息，以了解原文的背景知识，客观地把握语言的真实状态，从而获得真实的译文。掌握使用互联网的技巧已成为学生学习和练习翻译的必修内容。

四、以语言意识能力为导向的教学

语言意识是指学习者在内化特定语言知识的过程中逐渐形成对语言形式和功能的理解。这是一种非常抽象且复杂的心理活动。英语写作考察的是学生对英语知识的综合运用，是英语学习中不可缺少的一部分。学生英语写作部分的不足可以归结为他们缺乏相应的语言意识。本书先阐述了语言意识在英语写作教学中的重要性，然后分析了影响大学英语语言意识培养的主要因素，最后提出了语言意识驱动下的大学英语教学新模式。

任何语言的学习都离不开听、说、读、写、译五个方面。英语学习也不例外。它们是衡量英语学习者水平的五个重要指标。英语写作水平低下一直困扰着中国的教师和学生。首先，从教师的角度来看，学生太多，而教师只有有限的课时。此外，英语写作并不是作为一门课程来教授的独立自主的外交路线。大多数情况下，教师在工作量比较大的情况下，往往只给出分数，并没有从根本上帮助学生丰富文章内容，难以启发学生的写作思维。从长远来看，学生的英语写作水平更难提高，教学过程也只是形式化的。从学生的角度来看，在语法和文化方面有很多问题。主要表现在缺乏对整篇文章的布局能力，衔接手段不到位，文章开头结尾不协调，词汇量有限，整篇文章思想模糊，受中式思维、母语影响等。因此，在英语写作教学中，教师应合理运用语言意识的相关理论来改变教学方法，使学生获得更多正确的语言输入，强化自身的写作能力，最终达到提高学生英语写作水平的目标。

语言是人们表达情感和交流思想的重要工具。在英语写作学习中，培养学生的语言意识是教会学生如何使用语言的第一步。在英语教学活动中，教师要帮助学生建立新的语言学习意识，并将其贯彻到日常教学中。近年来，随着我国国际化进程的不断发展，各种文化渗透到我们的生活和学习中。英语不再是一个深奥的问题，而是一种日常交流的工具。英语能适应我们的风俗习惯，有助于我国经济和整个民族的长远发展。因此，要求大学生不仅掌握词汇和英语语法的运用，还注重英语语言意识的培养。随着英语教学的不断改革，语言意识的重要性越来越突出。然而，在实际的教学过程中，很多教师还没有意识到这一点。他们往往忽视了语言意识的培养，甚至混淆了语言意识和语感。高校的许多英语教学与学生的语言意识有着最直接的关系。它表面上表现为知识的问题，但根源在于语言意识的缺失。因此，语言意识的重要性不言而喻。纵观当前的英语教学，更应注意语言的适当性。只有掌握了正确的英语，我们才能真正学好英语。这些都对学生的语言意识提出了挑战。因此，改变传统的教学方法，让学生真正参与到英语学习中来，培养学生的英语语言意识是非常重要的。

在英语教学活动中，教师是教学的主体，起着引导者的作用，在教学中起着非常重要的作用。在教学过程中，英语教师自身的英语水平对教学质量有着最直接的影响，同时也影响着学生语言意识的培养。在大多数情况下，许多教师的教学过程还停留在向学生传授知识的水平上。他们只关心完成教学任务，而很少关注如何学习，学生为什么学习，如何培养学生的语言意识。从长远来看，由于缺乏对学生英语应用能力和意识的灌输和引导，学生的积极性会逐渐被侵蚀，从而使大学英语学习的主要目标变为学分。

在英语学习过程中，学生是学习的主体。学生对英语基础知识的掌握程度和对学习的重视程度与英语学习成绩有最直接的关系。在实际的学习过程中，如果学生缺乏学习积极性，只是为了学而学，甚至对学习英语出现抵触情绪，则会影响他们的学习效果。而这些都需要教师的正确指导和学生的积极配合。因此，教师在强调语言学习意识的同时，还应帮助学生，正确认识语言意识的重要性。环境是改变人的最终产物。在某些情况下，环境会改变学生的内在思维，动摇学生的学习热情。目前，在高校中，英语只是非英语专业的一门基础课程，并没有硬性规定。许多学生学习英语只是为了获得学分，并没有真正意识到英语学习的重要性。在这种意识的控制下，一些学生不喜欢上英语课，在课堂上睡觉，甚至有的学生逃课，结果考试成绩一塌糊涂。此外，校园组织的英语活动还没有形成一定的规模，因此没有影响力。

我国《大学英语课程教学要求》的教学特点和目标明确规定，大学英语是以外语教学理论为指导，以英语语言知识和应用技能、跨文化交际和学习策略为主要内容，并结合多种教学模式和教学手段的教学体系。可见，我国大学英语教学的性质和目标与语言意识理论是一致的。首先，大纲明确指出大学英语课程应以外语教学理论为指导。语言意识理论是一种教学模式，具有宏观层面的理论基础。其次，将大学英语的主要内容与语言意识教学模式相结合。最后，大学英语教学体系是各种教学模式和教学方法的集合，不局限于哪种教学模式，而语言意识的教学模式就符合这一要求。在大学英语写作教学中，由于学生在中小学学习过英语，通常对英语语言有一定的知识积累。但是，由于母语的影响，他们对英语语言的主动运用能力较弱。因此，在写作过程中培养学生的英语语言意识和学习的主观能动性具有十分重要的意义。在语言意识与大学英语写作教学相结合的过程中，教师和学生都应该提高自己的语言意识。

五、提高教师的语言意识

作为一名合格的大学英语教育者，应具备两种语言意识和良好的英语语感。因为只有教师有良好的语感，才能根据教学内容营造合理的教学氛围，学生才能接触这种良好的氛围，运用语言意识来写英语，通过写作提高语言意识。基于此，我们应该从以下三个方面提高教师的语言意识。第一，英语教师要不断提高自己的专业知识。除了英语词汇和语法外，教师还要对英语文化和语言有一定的了解。教师可以通过不断提高自己的专业知识来提高大学英语写作教学质量。第二，教师应不断提高英语沟通能力。在英语写作教学过程中，教师要能够用英语与学生进行有效的交流，能够最大限度地将自己的专业知识传授给学生，使学生获得最大限度的可理解性输入，从而达到教学目的。在实际教学中，如果教师交际能力较弱，会直接影响教师自身的语言意识，进而影响学生的输入质量。第三，提高改进教学方法的意识。在实际教学过程中，教师应有意识地培养学生的英语意识，通过潜移默化的影响培养学生的语感。在教学中，要摒弃传统的"填鸭式"教学方法。学习要以学生为本，引导他们如何收集资料，如何认识东西方文化差异，进行有效的师生互动，应用语言知识教学与语言教学并重。总之，提高教师的语言意识可以为大学英语写作教学提供更有力的帮助和来源。

六、学生意识的培养

在英语写作过程中，丰富的词汇起着非常重要的作用。在实践写作时，很多学生只知道英语单词的意思，或者只在语法层面上理解英语单词，并不真正知道如何使用它们。有的学生虽然掌握了一定的词汇量，但不知道如何灵活运用词汇，也不知道如何进行合理的延伸，在具体的语境中显得无所适从。出现这些问题的主要原因是他们的语言意识不强，缺乏有效的训练。基于这种情况，教师需要充分利用词汇并以词汇作为出发点，有针对性地引导学生，使学生对词汇的学习不只是停留在对音、形、义的认知上，还要通过具体的语境掌握英语词汇意义的内涵和外延，摒弃母语的影响，养成用英语思维的习惯。

个体掌握了一定程度的语言知识和语用知识，并不意味着完全掌握了语言，还必须将语言知识转化为语言能力，有意识地运用，并逐渐形成习惯。现代语言学习理论告诉我们，大量的语言输入可以创造语言输出的可能性。换句话说，语言输出是可以通过积累来获得的。英语写作能力的提高不是一蹴而就的，而是需要一个长期积累的过程，需要学生多听、多说、多读、多写。因此，除了英语教材之外，教师还应该引导学生参加课外活动。教师应该鼓励学生多练习，使练习语言成为学生生活中的一种习惯。学生语言意识的培养必须通过习得和学习两个途径来实现。教师应保证有足够的语言材料输入，加强语言实践训练。还应尽量扩大语言输入，优化语言习得环境，引导学生参与语言实践活动，让学生尽可能多地接触英语。教师可以要求学生多听英语广播，多说英语，多读英语书籍和英语名著，提高对学生听、说、读、写、译能力的训练，保证有大量地道的语言输入和充分的语言输出准备。在具体的写作教学中，教师可以帮助学生做到学与用相结合，在写作实践中巩固语言意识和英语写作能力。英语语言意识的培养必须植根于文化。任何语言都与其环境和文化密切相关。英语语言意识研究与国内相关研究存在较大差异。如果没有英语文化作为前提和支柱，英语意识的研究就会过于形式化，只会作为英语词汇体系中的一个点来研究，达不到应有的研究水平。语言意识的培养离不开文化意识的建立。语言是文化的载体，文化是语言的核心。要建立真正的语感，就离不开其文化背景。因此，在大学英语写作教学中，教师应善于引导学生关注和理解中西方文化的差异和语言表达习惯，让学生在跨文化中领悟文化的精髓，感受语言的美，从而提高他们的语言技能、审美情趣和文化素质，将文化意识和语言意识的培养融为一体，在文化意识中渗透语言意识，在语言意识中感受文化差异。因此，在大学英语写作教学中，培养学生对英语文化的敏感性，学习英语语言知识，提高语言应用能力是非常有帮助的。

第三节 基于新理论的英语教学方法改革趋势

一、生产导向教学理论下英语教学趋势

生产导向教学法是一种创新而实用的外语教学理论，旨在克服传统英语教学中"学与用分离"的弊端。在下一阶段的英语教学改革中，生产导向理论必然会在英语教学中发挥重要作用。本书在分析生产导向理论体系和可行性的基础上，构建了基于生产导向的开放教育英语混合教学模式，并从输出激励、输入赋能和输出评估三个步骤进行教学设计，以期进一步提高开放教育英语教学的质量和效率。英语学习可以培养学生的跨文化交际意识，提高学生的交际能力，使他们能够在学习、生活、社会交往和工作中有效地使用英语。然而，开放教育的英语教学存在一些问题，不能满足国家、社会和个人的需要。开放教育英语教学存在两个主要问题。一是教师输入多，学生输出少。教师在课堂上采取的常见模式是以教材为主要教学材料，花大量时间讲解课文。大多数学生的学习是被动地输入。同时，开放教育的学生是成年学生，他们在业余时间学习。由于上课时间缺乏，他们几乎没有机会和时间进行语言输出。这种教学模式往往使教师筋疲力尽，而学生在消磨时间。二是学与用的分离。即使学生勤奋地掌握老师传授的知识，如果学生没有有效的输出，教学也很难产生预期的效果。

生产导向教学法是2015年提出的一种符合中国国情的外语教学理论。旨在克服中国外语教学中"学用分离"的弊端。经过几十年的发展和完善，这一理论在国内外学术界产生了一定的影响。它强调输出活动在语言学习中的作用，将输出与输入联系起来，为提高英语教学效率提出了新的

教学思路。在这一理论中，输出既是语言习得的动力，也是语言习得的目标。输入是完成当前输出任务的使能手段，而不仅仅是培养理解能力，为将来的语言输出奠定基础。教学理论体系由教学理念、教学假设和教学过程三部分组成。传统的教学理念倡导"以学习为中心""学用合一"和"全人教育"。"以学习为中心"主张一切教学活动都以学习为中心，提倡教学目标的实现和有效学习。"学用合一"理论提倡学习与应用的紧密联系。课堂上的一切教学活动都要为有效学习服务，以输出为出发点和落脚点，解决学与用分离的问题。"全人教育原则"主张英语学习不仅要提高学生的语言综合运用能力，还要达到提高学生自主学习能力和综合文化素养等人文目标。

POA 可以应用于开放教育英语教学。首先，POA 具有创新教学理念的能力。接受开放教育的学生在课余时间学习，集中面对面教学的时间很少。在有限的时间内，以文本为中心的教学方法很难完成教科书的内容。如果采用 POA，可以在可见和可测量的输出任务下，选择性地学习教科书内容。其次，POA 注重互动交流，可以提高学生的学习效率。POA 倡导通过知识的梳理和整合来开展教学活动。教师通过互动活动加强与学生的情感交流。学生在互动中掌握知识，激发学习兴趣，从而自主学习英语知识，提高学习质量。最后，该理论赋予学生输出英语任务的能力。在 POA 教学理论中，教师可以设定明确的、现实的、可衡量的教学目标，设计具有潜在交际价值的任务，让学生充分参与其中。在后期，教师和学生都可以参与评估活动。

开放教育与英语教学都采用了线上线下结合的混合式教学方法。经过传统课堂教学与新兴网络课堂教学技术的结合，教师不仅可以更高效合理地利用网络的教学资源，进而丰富学生的课堂内容与学习方法，还可以充分发挥传统课堂教学的互动性教育的优势，这也正是两种教学方法的优势互补。当然，混合式教学并不是通过全新的教学工具实现新的教育，而只是借助网络增强孩子的自主学习意识，从而增加孩子的学习内容。何克康教授表示，"混合式教学，就是把传统课堂的优点综合起来，以充分发挥传统电子课堂（即数码或网络学习）的优势；即要充分发挥老师在课堂上的引导、激励与带动作用，充分体现了学生已经形成作为教师课堂中参与者的主动性、积极性与创新能力"。如此，在纵向一体化课堂教学中既充分调动了学生的学习积极性，又体现了老师的教学主导作用。在混合式教学方法中，由于学生已经变成了教师教学过程中的主要参与者和推动力，因此教师就可以更有效地激发学生的学习主动性与创新能力，从而提高学生获得与使用新知识的能力和效率。POA在开放教育英语混合教学中的作用如下。

（一）培养学生综合能力

开放教育英语教学注重学生的全面发展。在强调培养学生语言知识与能力的同时，更强调培养他们的人文素养与跨文化能力的培养，调动他们语言学习的积极性，培养他们独立的意识，让他们具有独立阅读的意识与技能。同时，他们必须具备创业精神和实际创新能力。POA指导下的开放教育英语教学注重学生综合能力的培养。在众多能力中，自主学习能力是开放教育学生学习过程中最重要的能力。好的自主学习方法可以更有效地调动他们的学习主动性和积极性，让他们从自身的方面去了解学习。

（二）提高学生英语学习水平

在中国传统的英语教学中，教师往往直接通过口语教学进行英语教学，然而，在开放教育中的学生往往在英语学习中较为被动，对英语学习有抵触情绪，主要学习需求也没有得到合理的满足，学生个体差异也没有得到相应的重视，对教师的依赖程度也较高。因此教师将 POA 与混合式教学模式相结合，既能有效调动开放式学生的英语学习积极性，又能拉近师生距离，充分体现了教师以学生为本的教学内容，学生的个体间差异性要被关注起来，从而进一步提高学生的语言学习能力和教学实践水平。

（三）提高开放教育英语教学的质量和效率

我国的英语教学存在一些弊端。一方面，传统语言教学方法固化，学生被动认知；另一方面，传统英语教学受到时间与空间的约束，学生独立阅读意识欠缺。POA教学下的英语综合教学模式克服了上述两个难题。开放培养的孩子获得了英语教学的自主权，教学变得灵活多样，教师在课堂上的主导地位弱化，学校的主导地位回归，教师越来越重视孩子综合技能的训练。因此，基于POA的混合式教学更符合开放教育的理念。它还可以带来开放教育英语教学质量和效率的双重提高。

POA的最大特色，就在于使学习者从口语交流过程中体会到了完成口语输出任务所需要的知识准备和自己现有知识准备间的巨大差距，进而意识到了掌握学习中知识点的重要意义，通过灵活地运用储备知识实现话语出口，进而形成了浓厚的学习兴趣，锻炼了发展自己的知识输出系统的巨大核心能力。在POA的实际使用中，输出激励方法、输入使能方法以及输出评价方法等，都对教师和学习者提出了很好的需求。

生产导向教学法的实践中，教师会精心设计教学输出任务。在我们之前的英语教学中，教师自然而然地就会注重对文本知识的讲解，大量精力被放在了课件的制作和语言知识的输入上，从而课后练习和考试就成了对教学效果的反馈重点，这样就忽视了与学生之间的语言输出和文化交流等活动。如果教师既不能很好地转变教学观念，也不能很好地理解POA"为应用而学"的教学理念，就很容易使课堂教学时间分配不均，使POA的教学流于形式。而语言生产导向的教学法要求教师围绕任务目标的实现，设置语言输出任务，并实施对语言知识的重点输入。如果任务输出与课堂输入的关系不大，学生的知识就不能被有效利用。目前，开放教育线下课程的重点也从教师对孩子、学生主动学习行为的训练中获得了足够的关注。但是，也使部分教师过分强调课堂教学，将更多的注意力放到课堂内容的安排上，不注意工作任务的检查与评价，忽略了教师在课堂教育中的桥梁与指导作用，大大降低了口语教学的效果，无法培养学生的交流技能与文化交流意识。但POA在英语教学的应用研究中毕竟处于初级阶段，其仍存在一些挑战和难题。

首先，在信息输出引导方面，教师应在完成学生所有可能的工作时给学生提供输入信息，并指导他们做好课前工作。教师在设计学习目标时，要充分考虑学习者个人水平的不同。在对输入赋能时，教师也可根据课程的任务确定输出任务。任务既要体现学习者在现实生活中能够见到的各种交流现象，也要掌握学习者任务内容的难易系数，以适应各个阶段的培养学习者提高英文交流能力的要求。同时，任务的设置必须与课程的教学目标相关联，使学生能够灵活运用课程中的词汇、短语和句型。否则，会影响教学输出的质量。其次，在输出评估步骤中，教师应发现学生在语言输出和任务完成过程中存在的问题，并及时纠正，使不同层次的学生通过输出评估步骤实现能力的提高。从考核效果来看，教师做好充分的准备工作，精心设计考核的重点和难点，并对学生进行整体的专业指导是非常重要的。最后，教师应懂得平衡自身的中介功能与孩子的主动能力间的关系，使二者产生有机的互补。在内容设置上，教师能够有针对性地布置教学目标，从而帮助学习者有选择性地再现学习知识点与语言技能。

二、分级教学理论下英语教学改革趋势

由于大学扩招，学生的数量与十年前的相比有了很大的变化。很多高校，尤其非重点高校，新生的学业水平差距明显。即使是同一个班级的学生，在学习上也很难做到团结一致。如今，中国教育部鼓励素质教育。传统的对所有学生一视同仁的教学方法已经不能满足当前教育的需要。英语基础较好的学生会感到轻松，失去学习的积极性，而英语基础较差的学生会感到困难，失去学习的信心。针对这种情况，分级教学模式应运而生。分级教学模式起源于美国。现在许多大学和学院都在尝试采用这种教学方法。

大学英语分级教学模式是指以课堂教学体系为基础，针对大学英语的教学目标和教学要求，根据学生的不同知识和能力采取不同的教学方法。学生能力的差异主要表现在认知水平和个性上的差异。教师在采用这种教学方法时，需要考虑学生的学习适应能力和不同的基础，然后选择合适的教学方法。其主要目的是提高大学英语教学质量，实质是教学策略。中国古代教育家孔子提出"因材施教"。分级教学理论的实质是分级教学模式中的分级教学进度。这种教学理念的实质是承认差异的存在，然后区别地进行教学。美国教育家本杰明·布鲁姆曾提出掌握学习理论，他主张教师只需要提供适当的帮助。

当学生学习固定的材料时，大部分学生能够完成学习任务，取得良好的学习效果。布鲁姆认为，教师应该针对不同的学生制定不同的学习目标，然后结合目标确定教学策略。教学目标应根据学生的学习水平、学习方式和特点来确定。教师在实施教学任务时，应有意识地制定相应的教学策略，为学生提供一种包括大众教学、小组学习和个人学习的综合学习体

验。此外，还应将日常教学效果作为教师评价的标准。苏联教育家沃戈茨提出的"近端发展区"，也主张学生有两个不同的发展水平，一个是当前水平，一个是潜在水平。这两个层次之间的部分称为"近端发育区"。教师在实施教学任务时，应从层次差异入手，不断创造更好的"近端发展区"。只有这样，学生的潜力才能得到开发，学生才能得到更多的进步。美国学者斯蒂芬·克拉申也认为，学生在学习一门语言时，应尽可能接受"可理解的语言输入"，即第二语言输入比目前的语言杠杆稍难一点。当学生把注意力放在那些信息未知但形式熟悉的知识上时，才能真正地学习新的语言。由此可见，分级教学模式已经具有较为坚实的理论基础，这些基础可以指导分级教学模式应用到实际的教学活动中。

作为一门语言，英语也很实用。其内容主要涉及读、讲、听、说、译五大领域。在英语教学中，教师要求学生使用相同的课文是不合理的。因此，分级教材是分级教学模式的基础，也是"因材施教"的第一步。在对文本进行评分时，教师应根据学生的英语基础选择合适的文本。例如，对于农业、林业、艺术、体育和小学教育相关专业的学生，教师应该选择以英语基础知识为重点的课文，帮助学生建立扎实的英语基础，掌握基本的英语技能。在教学中，教师应有意识地培养学生的英语听、说、写的基本技能，帮助学生练习所学知识，获得语言交际能力。换句话说，教师在选择教材时，不仅要考虑教学目标，还要考虑学生的学习水平、教师的特点以及适合学生的学习方法。当文本、教师和学生互动良好时，文本可以是合适的和科学的文本。只有这样的文本才能帮助学生取得更大的进步。

分级学生包括两类，一类是显性分级教学，另一类是隐性分级教学。占主导地位的分层教学是显性分级教学，又称"班级分层教学"，将学生按照固定的规则划分为不同的等级。同一水平的学生可以组成一个新的小组，作为一个整体互相学习。隐性分层教学又称"课堂分层教学"，主要针对的是已经被分级的学生。它不会像主流的等级制教学那样，用同样的方式给学生打分。教师在掌握学生在课堂上的情况后，进行针对性的教学。这种对教学对象进行分级的新方法，可以降低学生产生消极情绪的概率，避免被"消极"的标签所束缚。教师在进行教学活动时，可以将两种评分方式结合起来。首先，教师可以根据学生的专业将学生分为两个级别，如将农业、林业、艺术、体育和小学教育相关专业的学生分为一个组，然后对该级别的学生进行分级。在这一部分中，教师可以根据学生升入大学后的高考或分班考试的英语成绩对学生进行分组。分数较高的学生可以归为A组，分数较低的学生可以归为B组。A组学生的英语基础较好，学习热情较强，教师应及时指导该组学生，激发其学习热情。而B组学生占大多数，英语基础有限，自学能力较强。因此对于B组的学生，教师应该把授课和实践放在同等的位置。对于英语基础很薄弱、英语语法和词汇知识较差的学生，教师应尽量调动他们学习英语的积极性。同时，由于学生自学能力有限，教师应及时将课堂讲授与课外辅导结合起来，给予学生更多的帮助。

根据教育部的相关要求，未达到高中英语课程标准要求的新入学大学生，可将一般要求作为大学学习目标。相对较高的学习标准是针对有较好的学习基础和自学能力，在高中已经达到较好的英语水平的学生。高校在安排教学任务时应坚持分类指导、因材施教的原则，根据学生不同的学习需求，对英语教学目标可根据学生的实际情况进行必要的调整。例如，在完成四个学期的学习后，A组学生应达到教育部大学生英语要求中所描述的"高级要求"，而B组学生应达到"一般要求"。

分级教学需要相应的课程设置，学时需要有一定的弹性。这种课程可以给学生足够的学习空间。学术基础扎实、学习能力较好的学生可以在有限的时间内获得更多的知识，而学习基础和能力较差的学生可以利月课堂时间弥补知识的不足。只有这样才能实现真正意义上的分级教学。高校应根据教学目标及时对学生进行评分和调整教学内容。A组的学生在前期需要更多的学习时间，教学内容应包括读写课程、音频口语课程和外教实践课程。完成两个学期的课程学习后，达到相关课程的"一般要求"。B组的学生需要更充足的时间来学习知识，他们将一半的课堂时间用于阅读和写作的学习，另一半时间用于听力和口语的学习。B组学生在完成这部分学习后，可以达到相关课程的"一般要求"。

教师在教学过程中实施分级教学模式时，可以采取"滚动法"对不同年级的学生进行管理。每学期末，各年级班级应根据学生日常学习成绩、状态和意愿，调整班级内部结构。基本上只要学生的成绩达到合格水平，就可以继续下一步的学习。而分数达不到合格水平的学生将被调到低年级加强学习。此外，大学在计划大学英语学习时可以尝试"大学英语管理豁免"。在完成前两个学期的学习后，所有学生都可以参加国家大学英语四级考试。对于通过考试的学生，学院可以接受他们的大学英语免修申请。这样，学生可以充分利用有限的时间，减少学习时间的浪费。需要注意的是，分级教学模式的基础是确保不同基础的学生在大学期间都能取得学业上的进步和扎实的英语基础。上面提到的"滚动法"和"免除大学英语管理"可以使不同年级的学生之间的交流和流通成为可能。这种管理方法的目的是将学生的学习意志激发到一个更高的层次，促使学生通过自己的努力达到更好的学习效果。但在实际的教学过程中，我们发现一些学生更喜欢在低水平的班级。因为在低水平的班级更容易取得好成绩。形成这种现象的原因是A组学生班级的试卷比B组学生班级的试卷更难。英语成绩直接影响学生的获奖推荐。因此，高校相关管理部门应给予A组学生一定的政策优惠，以确保所有学生都能以相对公平的形式参加比赛。它不仅能调动A组学生的学习积极性，还能促进其他学生努力学习，以进入A组。

总而言之，近年来，各高校的实践经验证明，分级教学模式符合高等教育的要求。它可以让学生在学习英语时感到轻松，也会使课堂更轻松，可以调动不同基础的学生的积极性。因此，教师组织课堂教学是非常有益的。此外，分级教学模式可以充分利用高校的多媒体设备，提高课堂教学的丰富性和活力，也可以为激发学生的积极性奠定基础。然而，分级教学模式在我国的应用还遇到了一些困难。

自从国内高校扩招以来，大学英语教师的数量已经不能满足很多高校英语教学的需要。由于英语教师招聘减少，教师流动性大大增加，许多教师对分级教学模式缺乏正确的认识，这也会影响实际的教学活动。同时，教师的研究能力也很有限。而分级教学模式要求教师对不同年级的学生进行分析，选择适合不同年级学生的教学方式和内容。换句话说，教师群体还需要做进一步的研究，努力深入了解学生的需求，帮助他们解决学习过程中遇到的问题。教师之间也应该相互学习，通过相互交流找出教学策略和方法。国内高校英语教学面临班级学生过多产生管理困难的问题。此外，由于教材有限，许多高校的学生同时上英语课。事实上，由于学生的基础和专业不同，学生的分布并不均匀。因此，高校在分配班级时必须考虑班级规模。然而，高校不能在招生时根据学生的实际情况来安排课程。所以很难准确区分不同的等级。

另外，由于学习时间和教材有限，A组的学生总是被安排在夜校或周末学习，这引起了学生的不满。因此，教师需要与学院或大学沟通，找出一个合理的方法。另一方面，B组的学生会有自卑感。因为他们的基础已经很差了，年级差会让他们失去学习英语的兴趣。教师在组织这些学生学习时会遇到困难，因为这些学生的合作意愿较低。那么如何唤起这些学生的学习兴趣，提高他们的学习效果，成为教师的一项艰巨任务。

三、人文教育和深度学习理论下英语教学改革趋势

全球化进程的加快将外语教育推向了一个新的高度，这对个人、社会和国家的发展都具有重大而深远的意义。外语教学是高等教育的重要组成部分，其中大学英语教学在大学生人才培养中起着不可替代的作用。然而，在目前的课程大纲下，大学英语倾向于强调"训练"而不是"人性"，这已经引起了学者们的共同关注。教学目标转变形成的人文教育淡化倾向是外语教学的致命伤害。在功利主义的指导下，人文教育逐渐衰落，这直接使学生人文精神衰退。刘毅认为，外文专业学生在思维深度、知识结构、方法技巧等方面和其他文科生有着很大区别，这是因为外语教学过于强调知识技巧的训练。

经过四年的专业学习，许多学生发音标准，口语流利，但缺乏深度思考能力，表达逻辑混乱，组织能力差，批判性思维不足。外语课程的设置一直被忽视，人文教育内容不足，所以学生的文化修养较浅，难以进行跨文化交际。因此，胡文忠、孙友忠提出，培养外语人才，不仅要考虑市场需求，更要考虑高等教育的根本目标。为了加强人文教育，必须对现有的教学模式进行改革。提高大学生人文素质是时代的要求，为当前大学教育改革指明了方向，这也引起了在大学英语教学中加强人文教育的呼声，并由此展开了更多的教学实践。

"人文教育"一词是教育理论研究界常用的一个术语，其释义版本繁多，既可能造成理论上的混乱，也可能造成实践上的误导。因此，简要介绍人

文教育的相关概念及其特点是十分必要的。在当今的教育理论中，不同的学者基于个人的理解，对人文教育持有不同的观点。有人指出，人文教育就是文史、哲学、语言、艺术教育。另一些人则认为它涉及全面的身心训练，尤其人性的培养，或人的启蒙。人文教育就是"人的教育"。综上所述，人文教育观强调两点。首先，人文素质教育是人文科学知识培养，包括文化、历史、思想、文化和美学，这也是人文科学知识的主要载体。其次，人文教育的核心是对人文精神的教育。人文教育并不仅仅是让学生多学几门中文科课程，多了解一些人文知识，甚至成为一部"活的百科全书"，而是培养他们的人性、人格和人文精神。

人文教育以培养人文精神为核心，注重人格塑造。人文教育不仅是一种从内容层面界定的教育，而且是一种应渗透到整个教育过程中的教育价值取向。人文教育是可以传授人类优秀的文化成果，具体操作是，通过利用知识传递、环境熏陶和学生的个人实践，将其内化到学生的人格、心智、能力和气质中，最终目的是培养学生的人文精神。教育部的2020年最新版《大学英语课程要求》（以下简称《要求》）中认为"大学英语课程是大学人文教育的一部分，具有工具性和人文性的双重属性"。《要求》将高等学校英语课堂视为人文教育的平台，既明确了高等学校英语课堂的学科性质，也明确了高等学校英语课堂必须在人文教育的指导下进行。《要求》进一步指出，"人本主义的核心是以学生为本，弘扬学生价值，关注学生的培养和全面发展"。这一描述与学术界对人类教育的理解基本一致。具体来说，就是突出了大学英语课堂的人文特征，也就是突出了在人文主义教育理念下，提出大学英语课堂任务的基本目标，既开展对大学英语课堂的教育研究，又开展对教学的实施、评价和反思。它要求教学范式的转变，为新一轮大学英语教学改革指明了方向。1976年首次出现"深度学习"一词。深度学习的重点是抓住文章的思想和学术内涵。此后，其他学者继续发展。休伯曼指出，深度学习是一种对知识的深度理解，并应用于对解决实际问题的理解能力。美国研究院也提出，深度学习是学生通过对知识能力的深度理解，并将这种能力应用到实际情境中，从而解决问题的过程。

深度学习发生在理解的基础上，根据布鲁姆的分类，可扩展到解释、意义解释、转移和应用、观念形成、移情和自我认识。国内学者对深度学习的研究起步较晚。何玲和李佳厚首先发现，深度学习需要将之前的知识转移到实际情况中。叶晓云进一步提出深度学习和浅层学习并不是相互排斥的，而是连续统一的。在此基础上，张浩列举了深度学习的五个特点，并总结了它们作为一个整体是相互关联的。后来学者们逐渐将深度学习应用于教学，并利用其指导设计教学。郭华认为，深度学习的发生需要教师的引导和对具有挑战性的学习材料的补充。崔云火教授提出，深度学习是指学生在由教师所创造的复杂学习环境中，表现出高投入、高认知参与和有意义投入的过程。由此可知，早期对深度学习的研究主要集中在深度学习的定义和特点上。尽管学者不能提供一个系统的概念，但是能够从学者想要表达的内容及其理论中得出结论。深度学习并非自动进行的，它要求下列的先决条件：一是导师必须向学习者提供认真准备的有明确学习任务要求的课程；二是深入课程的开展必须按照课程目标预先制定课程步骤；三是以问题答案为引导的课程目标；四是学习者的迁移与反应能力是深入教学活动中必须训练的基础能力。

关于深度学习的教学步骤，它包括设定教学目标、创造学习环境、激活原有知识形成新的知识、进行深度学习加工等教学过程，并将学习评价渗透到之前的步骤中。它是一种教学模式，也是一种学习模式，帮助学习者形成批判性的理解，完成知识的获取、迁移和应用，培养他们解决问题的能力。深度思考教育周期中各阶段的思想框架。第一，从培养学生更高层次思维能力的高度来确立教育理念；第二，深入阅读的基础是进行预评估，预评估是采用经过科学实验分析提取出的科学方法所必需的；第三，阅读中学生和知识情境的相互作用，这里包括了引发他们理解问题的因素、社会的文化背景以及个性化的学习方式等因素；第四，深度学习的主要步骤是创造情境通过意义建构实现知识的深度加工；第五，评价要有目标。这些步骤构成了深度学习的过程。而在真实的教学环境中，需要根据课程的特点和学生的实际情况进行调整，以达到最佳的教学效果。

由于语言不仅仅是一种工具，还是一座桥梁，人们通过它进入另一种文化，在思想和历史发展过程中，发现一些深刻而有活力的作品和思想。本书以深度学习理论为指导，以深度学习周期为基础，构建了大学英语人文教育的教学模式，主要围绕三个步骤进行：一是基于问题解决的目标设定，二是基于人文教育的要素探索，三是基于深度学习的人文教育融入语言教学。

教学目标是推进深度学习的基本保证，培养学生解决实际问题的能力对培养学生的高水平思维能力具有重要意义。在项目学习的理念下，美国深度学习联盟也坚持教学应围绕实际问题，并设定目标以形成产品或解决问题。国内学者也将解决问题视为深度学习的标志。基于问题解决的教学目标设置应遵循三个原则：第一，问题隐含着教学目标。学生通过解决问题的过程来实现知识、技能和情感的三维目标；第二，该问题具有发展价值。根据"近端发展区"假说，问题集应该与学生的潜在发展水平相一致；第三，问题最好与学生的经验有关，这有利于新旧知识的转化。深度学习发生的前提是为学生提供具有挑战性的内容，并将学生置于学习环境中，这是教材、人际关系文化背景和各种学习活动的总和，其中教材是第一位的。因此，选择合适的教材，既能满足学生的水平，又能促进学生的高水平思维能力，是触发深度学习的必要条件。深度学习的相关元素挖掘主要有两种方式。首先，从教材中挖掘人文元素。教材的每个单元都围绕一个主题展开，不仅涵盖友谊、爱情、生与死等普遍的主题，还包括自由、责任、科学和宗教等重要概念。其次，积极补充含有人文元素的语言训练教材，如与单元主题相关的文学作品，既能激发学生对主题的理性讨论和文学想象，又能通过经典文学的阅读提高学生的语言感知能力和人文情怀。

根据深度学习周期，深度加工方法包括：意识加工、分析综合加工、应用加工、同化加工。因此，教学过程中应以实际问题为指导，使用苏格拉底启发式提问法和任务型小组讨论，这样引导学生，不仅会让学生吸收语言信息，而且可以帮助他们理解语言是如何传达信息和表达思想的，并评价教学过程的每个阶段。具体流程如下。

学习是学生与环境的相互作用，深度学习的前置条件是将学生置于一个学习环境中，这个学习环境包括教材、人际关系的文化背景以及各种学习活动。大学英语人文学习环境的创设应结合课程特点和大学生的特点。首先，对于大学英语教学来说，语言训练是一项重要的任务。因此，选择含有人文元素的培训材料进行听、说、读、写、译的训练，是一种无形的人文教育方式。其次，当代大学生是随着网络的发展而成长起来的。因此，可以充分利用网络，为人文教育创造一个完全沉浸式的学习环境。最后，开展各种课外活动，将语言训练与学生的兴趣和人文教育相结合。通过日常网络、教学平台和课外活动，我们可以创造一个立体的学习环境，进行人文渗透。

知识迁移与应用，代表的是深度学习。这不仅仅可以体现学生的学习效果，而且可以体现学生的学习风格。也是学生在学习过程中的模拟社会现象实践。因此，在补充学习材料和组织学习活动时，要有问题意识。同时，由于编修等，教材的出版时间较长，不可避免地在某些内容上落后甚至过时。

评价主要指向教学的意义。目前，学校大部分课程采用的都是这种方法，即形成性评价与总结性评价相结合的方法方式。然而，社会对人文教育的评价往往是难以量化的，因为学生的心理成长、文化素养提升和社会价值形成等都是无形的。因此，人文学习的评价体系不应只存在于教学活动之后，而应渗透到教学活动的各个环节。评价的主体并不能只是教师而已，还应包括同行和学生以及他们自己。改革评价方法，建立反映人文素质的评价体系至关重要。在总结性评价方面，有必要将有利于学生个人素质发展的内容纳入考试。而且考试不能太客观；标准答案不应过于局限；试题应尽量开放，给学生留下充分发挥主体性的空间。此外，教师还需要开发新的、多样化的评价模型来评估人文教育。例如，在讨论、演讲、辩论、角色扮演或论文写作等活动中增加形成性评价的比重，对学生的语言应用能力以及学生的英语创新能力着重培养，以满足当前素质教育的需要。

第四节 基于学科跨文化听说与深度学习的英语教学

一、趋势

随着世界全球化进程的推进，世界经济、政治、文化、教育等领域都发生了重大变化。我国英语教育的内容已逐渐从教授英语和美国本土语言向教授国际语言转变。因此，人们对英语教育的认识需要更新。全球化时代不仅需要改变我们习惯的思维方式，更重要的是要将其作为解释社会转型和社会学理论变化的解释手段和背景。只有了解全球化，才能更深入地了解全球化背景下我国英语教育的发展。英语教学中跨文化能力的培养，倡导平等共赢的文化态度，增强学生的同理心、包容能力和谈判能力，进一步提高学生准确流利地表达当地文化的能力。一些研究者将这种能力描述为"社会文化能力"，即利用现有的知识和技能，有效地处理社会文化信息，从而使人格朝着更整合、更充分的潜力方向发展的能力。从英语本位主义到文化多样性，我国英语教育中学生跨文化能力的培养是时代变迁下对中学英语教育认识更新的需要。也就是说，有必要对我国英语教育进行深入的当代认识：首先，我国中学英语教育应该体现在学生英语语言结构的学习和语言能力的培养上；其次，还可以通过语言学习促进学生形成简单理解多元文化的意识，帮助语言学习者对国际社会有一定的归属感；以及对当今复杂的文化融合有自己的理解和判断。可以认为，我国英语教育培养学生跨文化能力的目的是促进学生对当今世界文化多样性的尊重和理解，欣赏世界优秀文化，加深对母语文化的认识。

近年来，文化多样性研究、跨文化教育研究和英语学科跨文化教学研究受到了越来越多的关注。许多研究都集中在分析国外的英语教学方法或模式如何与国内中学英语课堂教学实践相结合。不断学习国外先进的教学理念当然是值得肯定的，但是我们也必须看到，国内外英语教学的语言应用环境不同，客观教学条件不同，教学过程中的困难和问题也不同。研究者可以认真考虑结合我国中学英语教学的实际情况和需要，探索和思考具有中国特色的中学英语教学研究之路。另外，有必要关注英语学科跨文化教学的相关文献。跨文化教学可以理解为在跨文化环境中对文化因素及其内容的教学，主要是在外语教育中。例如，19世纪末的直接教学法开始将文化因素纳入外语教学的思维范围。语言学家和文化人类学家开始关注外语教学中的文化因素，语言与文化之间不可分割的联系已成为一种更为普遍接受的观点。20世纪50年代，美国外语教育协会举办的关于语言与文化关系的研讨会标志着跨文化交际的诞生。参会的研究者们达成了一个共识，即在英语教学过程中应该教授语言国的文化知识。毫无疑问，这次会议是英语教学领域具有里程碑意义的会议。随后在1959年，人类学家霍尔在《沉默的语言》中首次提出了"跨文化交际"的概念，讨论了文化在人们社会生活中的重要作用。霍尔认为："文化是人类生存的环境，人类生活的方方面面都受到文化的影响，并随着文化的变化而变化。"文化多样性教育作为多元文化教育的发展，涉及文化多样性、性别政策、教育的主要模式、教育公平、全球化时代文化多样性的必然性等问题，其中对民族文化差异的文化多样性研究较为丰富。跨文化教育的研究主要集中在不同国家跨文化教育的概念、发展背景、目标、意义、内涵和实践等方面。跨文化教育研究为跨文化教学研究提供了一个问题域。英语学科跨文化教学的研究主要集中在如何在英语学科中开展跨文化教学。其中，从语言习得角度、跨文化教学方法研究、英语学科跨文化学习等方面的研究较多。研究受到了很多关注。跨文化学习也是近年来的研究热点。因此，在讨论英语的跨文化性质时，不可避免地要涉及到跨文化学习。

二、英语跨文化听说深度学习教学模式的理论基础

（一）英语跨文化听说的常见教学模式

在传统的英语教学模式中，教师会更加注重向学生传授知识，忽视学生

的主体地位，使学生成为知识的被动接受者。随着教学观念的不断更新，教育研究者也在不断探索新的教学模式。例如，PWP 教学模式在跨文化英语听说读写教学中的应用就较为普遍。在英语跨文化听说教学中，PWP 主要体现在三个教学阶段：prelistening（听前）、while-listening（听中）和 postlistening（听后）。设计教学任务和活动，促进学生语言知识和能力的提高。例如，我们探索运用 PWP 教学模式开展跨文化英语听说教学，将教学分为听前、听中、听后三个阶段。听前，教师夯实背景知识基础，激活学生已有知识；听中，设计梯度问题，促进学生感知文本；听后，注重语言输出，引导学生学以致用。同时指出，在英语跨文化听说教学中，教师应立足文本，深入分析；设计总体目标，明确主线；促进学生善于听，培养学生良好的学习习惯。这为后续英语跨文化听说教学模式的优化提供了重要参考。

（二）深度学习路径

对于深度学习路线，《深度学习的七大策略》中提出了一种教学模式供教师在课堂教学中参考，简称DELC。该学习路径主要由设计课程标准和课堂、预设评价、创建积极的学习文化、准备激活已有知识、获取新知识、深度加工知识、评价学生学习七个步骤组成。其中，设计标准和课程以及预评估是深度学习教学的重要准备阶段。教师应了解课程设计与国家课程和课程标准的关系，明确教学内容和目标。同时，前测是了解学生能力水平的重要途径。教师可以对教学单元进行预估，也可以对个人目标进行预估。营造积极的学习文化氛围，对学生在课堂上的积极情绪促进和学习参与具有积极的引导作用。在深度学习的过程中，知识不会支离破碎。教师应采用适当的教学方法，如提问、讨论等，促进学生激活先知，形成联系，从而更好地获得新知识的输入，实现新旧知识的联系与融合。知识深加工是深度学习途径的核心部分。它是促进学习者实现精细有效加工的领域。它可以通过认识、分析综合、应用、吸收四个环节来实现。学生学习的最终评价是对整个学习过程的总结反馈。这一环节可以通过自我反思、同伴反馈等形式实施，从而进一步了解学生的想法，为后续教学提供重要参考。

（三）深度学习认知

S-ACIG认知过程是胡航教授通过对ACT-R、APOS等理论分析和实证操作研究提出的深度学习认知过程，为深度学习教学实践探索提供了重要的理论指导。从学习者的角度看，S-ACIG深度学习的认知过程包括认知、调和、归纳、迁移四个阶段，图式贯穿学习的全过程。S-schema表示深度学习的认知过程就是图式建构的过程。A-认知是学习的初始阶段。学习者通过不同的教学活动或情景演示进行感知，将陈述性知识导入记忆系统，理解所感受到的现象。C-协调是学习者在初次遇到问题时，通过分析和思考，提出初步解决问题的方法，是两个或多个程序之间的协调过程。I-归纳是学习者在调和的基础上吸收、编辑知识，将陈述性知识转化为程序性知识，形成合理认知结构的过程。迁移（G-transfer）是指学习者在掌握相关知识后，形成稳定的认知结构体系，并能迁移到不同的情境中去解决问题。同时，在这个过程中，不断修正和完善已有的图式，通过综合运用进行变式练习，从而提高解决问题的能力。

（四）英语跨文化听说与深度学习的教学模式

本研究以深度学习相关理论和研究为基础，结合国外深度学习路径、

S-ACIG深度学习认知过程和常见的英语跨文化听说教学模式。根据小学英语跨文化听说课程的培养目标和英语课堂教学的实际情况，构建了信息技术环境下促进小学英语深度学习的跨文化听说教学模式，如下图所示。该模式主要由教学准备、创设情境、激活预言、获取新知、知识深加工、教学评价与反思六部分组成。

三、构建深度学习的英语跨文化听说教学模式

（一）教学准备

1. 教学目标的确定

《英语课程标准》也指出，整个基础教育阶段的英语课程按能力水平分为九级目标体系。义务教育阶段需要达到五级能力水平，小学生六年级需要达到二级能力水平。同时，各层次的课程目标都是从语言技能、语言知识、情感态度、学习策略、文化意识五个方面来制定的，而课堂教学中的教学目标一般可分为知识、技能、情感态度三个方面，根据教学内容来制定。教师在制定教学目标时，一定要联系实际，参照各阶段的能力水平要求，符合学生的近发展区，这样才能更好地激发学生的学习热情，引导学生进入真正的学习状态。此外，在跨文化听说课程的教学中，教师应根据教材的相应内容，设置符合学生条件的口语输出和表达能力要求，从而达到促进口语和跨文化听说的能力水平，而不是盲目地完成听力部分，这样才能进一步促进英语跨文化听说课堂深度学习的发生。因此，在深度学习教学过程中，教师应根据学生的实际情况、教学内容、课程要求以及深度学习的特点，制定合理恰当的教学目标，使自己更加明确如何学习，同时使学生树立明确的学习目标和学习意识。

2. 预测性评价

预测性评价是了解学生学习掌握情况，及时调整课堂教学目标的重要途径。它可以对某一教学单元进行评价和检测，也可以对某一节教学内容进行评价和检测。需要注意的是，预测评价的难度并不需要很大。它主要是检测学生对知识的掌握情况，为后续的教学工作预热，具有积极意义。对于教师而言，为了进一步促进学生在英语跨文化听说课上的深入学习，教师可以通过开具小提单的方式，简单、快速地了解学生对所要讲授内容的已有知识储备情况；也可以借用 PPT 课件展示核心问题，通过问答互动的方式与学生进行复习、预估等。通过简短的课前预测评价，教师不仅可以了解学生对上一堂课内容的掌握情况，还可以对本堂课要讲授的知识点进行预测，了解学生当前的知识背景和发展近况。区情可以进一步反馈现有教学目标与学生现状是否匹配。如果差异明显，可以及时对后续教学进行有效调整，保证课堂教学质量和效率。同时，通过教师的问题发现与引导，学生可以在轻松的氛围中更好地巩固所学知识，唤起自身对所要讲授知识的相关体验，为接下来的学习内容做好准备，激发内在的学习积极性。

（二）创设学习情境

创设恰当的学习情境是英语教学中不可或缺的重要途径。语言学习本身与各种生活情境密切相关。有趣、实用的学习情境可以营造良好的语言学习氛围，激发学生的学习兴趣。深度学习的主动性和积极性也为深度学习的发生提供了更多的可行性。在信息技术环境下，教师对学习情境的创设有了更大的便利性和更广阔的选择空间。不难发现，当前小学生对英语跨文化听说课程的态度还是比较积极的，这就为英语跨文化听说课程深度学习的发生创造了有利条件。因此，教师在创设情境时，应利用信息技术，多从学生的角度出发，贴合学生的生活经验和认知能力，结合教学内容设计真实的生活情境，更能吸引学生，引起学生的共鸣。例如，在学习上学的方法时，教师可以播放学生每天上下学的交通图片或相关视频。在学习我们最喜欢的季节时，教师可以在多媒体课件上展示学生熟悉的校园四季，将学生的感受与之联系起来，会增加大家参与的内在动力。同时，我们都知道，兴趣是学生学习最好的老师，如果教师创设了恰当的情境，学生的兴趣就会被激发出来，结合教师提供的情境，联系自己生活中的类似经历，学生的学习兴趣就会被调动起来。在教师的引导下，思考、发散思维。在这个过程中，学生不是被动的接受者，更多的是发挥自己的主观能动性，感知情境，将情境与自己的经验联系起来，产生好奇心，跟随教师的引导进入后续的逐步学习。

（三）激活旧知

旧知识是先知，即学生头脑中已有的知识，包括以往教学中获得的知识和自身的知识经验。激活旧知是促进深度学习的重要一环。在日常教学中，教师很容易忽视旧知识的激活，直接传授新知识。教师有效引导学生激活 "先知"，可以促使学生回忆和巩固已学过的知识，将原有知识与将要学习的新知识联系和整合起来，从而促进对新知识的理解和掌握。深度学习强调的是新旧知识之间的联系与融合。因此，在英语跨文化听说的深度学习过程中，教师应结合以往的教学内容和课堂的教学内容以及课堂教学目标，确定如何激活学生的先知，激活学生哪些方面的已有知识等。在这里，教师可以综合之前预习时学生的实际情况。例如，在跨文化听说课的教学中，教师可以利用上一节词汇课的教学内容，以及词汇课知识与跨文化听说课内容的联系，用相关部分解读单词、短语、句子等。通过问题引导激活表达，同时在情境的辅助下，教师在听前进行引导，使学生在完成听力任务、学习新知识时不会感到茫然，而是建立一个过渡的过程。在此基础上，新知识的教学会让学生在知识和心理上有一定的准备，在教师的引导下，学生能在听前预测听力内容，对核心词汇有一定的感知。这样，完成听力教学和任务就比较容易了。另外，当学生成功提取先行知识后，后续新知识的输入也能建立较好的联系，从而促进自身对新内容的理解。

（四）获取新知识

获取新知识是学生输入新知识内容的关键环节，也是深度学习发生的基本条件。如果教师能创设相关情境，引导学生激活预言，那么新知识的教学就会变得更加容易。深度学习中的新知识习得阶段，不仅仅是学习新的内容，而是在学习新知识的基础上，再建立新旧知识之间的联系，进一步归纳整合，从而内化形成自己的认知结构。教师在讲授新知识时，应摒弃传统的灌输式教学模式，改变学生被动接受知识的状态，实施面向全体学生的课堂教学，体现教师为主导，学生为主体的思想，充分发挥学生的学习能力，具有自主性。在英语跨文化听说教学中，教师应注重教学过程，而不是盲目地获取问题答案。通过前文对英语深度学习现状的调查可以看出，学生对知识的联系和整合能力还比较薄弱，大部分学生还不能对新旧知识进行整合和输出。因此，在跨文化听说教学中，教师应根据学生的实际情况设计教学过程，安排符合学生年龄和身心特点的教学活动，引导学生充分参与课堂。而在听力教学中，教师应逐层递进地设计听力任务，由易到难，前后结合，如听后打钩、听后填空、听后选择、复述课文等任务，循序渐进地促进学生对听力材料的理解。在此过程中，教师可适时给予学生适当的提示，引导学生说出正确答案，使学生逐步理解听力材料的内容，并输入新知识，建立相关联系，进行归纳整合。

（五）知识深加工

知识的深度加工是深度学习的核心环节，也是促进学生深度学习的关键步骤。知识的深度加工是学生初步输入新知识后的听后深化阶段。在这一阶段，教师可以根据不同的跨文化听说教学内容，设计相应的听后活动，促进学生的巩固和深化，从而促进学生语言输出、同伴合作、迁移运用、问题解决等能力的提高。在英语跨文化听说教学的深加工阶段，教师可以设计结对子、团队合作、角色扮演、演讲/展示等不同形式的输出活动。这里需要注意的是，语言学习不是单一语言技能的训练，而是听、说、读、写等多种语言技能的综合运用。英语学习重在大量输入学习后的输出练习，这样才能真正实现语言的交际功能。因此，在完成听力任务后，应进一步设计跨文化综合听说练习的输出活动。例如，除了听读、角色阅读等基本练习外，还可以设置情景再现、调查报告、围绕话题的演讲等创造性活动。当然，还可以将听、说、读、写结合起来，进一步促进学生语言能力的提高。在之前的调查中，我们可以看到学生在跨文化听说教学中的输出能力非常薄弱，这与教师在日常教学中忽视这部分内容也有很大关系。因此，在深入学习的过程中，教师至少要将跨文化听说两种能力结合起来，创设真实有趣的情境，设计相应的练习任务，通过提问的方式促进学生进行深入的讨论和分析。对于听力教学内容的迁移输出，教师要对学生的完成情况进行评价和总结，并及时反馈给学生，真正做到深度学习。同时，学生在教师的指导下，进一步巩固和深化新输入的知识，迁移运用所学知识，整合输出，不断提高解决问题的能力和语言运用能力。

（六）教学评价

评价是每门课程的重要组成部分，英语学科也不例外。英语课程的评价应依据相应的课程教学目标，采用合理科学的评价方法和多元化的评价手段，对教学过程和教学结果进行及时有效的监控，从而对教学起到积极的导向作用。在英语跨文化听说深度学习过程中，本研究采用教师评价、学生互评、学生自评的方法，结合形成性评价和终结性评价，对教学进行全面、科学的监控。

（七）信息技术环境

信息技术环境作为整个英语跨文化听说深度学习教学模式的背景支撑，对学生深度学习的发生也起着重要的促进作用。在教学准备阶段，教师可以利用微信平台将与教学内容相关的动画视频等教学资源发送给学生，让学生提前观看并自主学习，对要学习的知识点进行预热，从而更快地进入课堂学习状态，为教学的深度加工留出更多的时间。在创设情境阶段，教师要积极运用现代教育技术，结合教学内容，通过视频、图片、动画、音频等方式，创设逻辑严密的跨文化英语听说教学情境，化抽象为形象，引导学生主动参与。在课堂教学中，可进一步提高学生后续学习的主动性和投入度。在激活旧知和获取新知这两个阶段，教师可以借助多媒体课件，通过问题链或图片引导，帮助学生结合主题激活预言。此外，在知识的深加工阶段，信息技术的支持对学生深度学习的发生也起着关键作用。教师可以利用多媒体计算机设计输出活动，为学生提供听后输出应用的展示平台，如利用趣味配音等，从而进一步促进学生对跨文化听说能力的深度加工和实际应用。总之，在信息技术环境的支持下，英语跨文化听说教学可以有效打破传统教学的束缚，使教学内容更加丰富、灵活、真实、实用，同时也更容易促进学生深度学习的发生。

四、英语跨文化听说与深度学习教学模式的实践与效果分析

（一）计划阶段

教学准备主要是根据教学内容和学生的实际情况，确定本课程的教学目标和相应的教学课件等准备工作。教学前，教师可将与本教学环节相关的动画视频等教学资源发到微信班级群，让学生提前一天观看学习。可有效缩短主课学习时的过渡时间，更快进入学习状态。

（二）知识目标

能理解并掌握对话大意；能按照正确的发音和语调朗读课文；能正确区分where和when的用法和意义。技能目标：能在听前了解问题要求，预测听力材料的重点内容；能在完成简单练习后推断故事的后续发展；能在教师的指导下运用基本的听力技巧完成相应的主题和细节；问题：能根据听力重点内容进行相关话题的口头输出表达。情感目标：通过对话了解电影院、票价等常识；在学习过程中通过合作互动，体验团队合作精神。

（三）行动与观察阶段

在这一环节中，教师根据教学内容创设了相应的情境。情景引导学生带着问题，让学生猜测情景内容，从而为正式对话学习做好铺垫。教师通过真实情景的呈现和问题的引导，可以有效激发学生的好奇心，提高学生的学习兴趣，为后续的对话学习创设语言环境和氛围。

充分利用前面创设的情境，通过提问进一步发散学生的思维，促进学生对头脑中已有知识的提取，激发学生学习的主动性，让学生去思考、去探索。在这里，还可以通过简单提问，初步调和学生对知识的掌握情况。

（四）评价阶段

这个阶段是一个多层次的评价。首先，教师评价已经体现在以往的教学过程中。教师在活动过程中和活动结束时给予及时的反馈评价。它们大多基于动机评价。帮助学生树立学习信心，勇于表达自我。其次，在第一轮的实践中，学生的自我评价和同伴评价采用了一部分学生在讲座结束后发言的方式。大部分学生的评价内容都很好，但也有学生反映学习过程不够认真，部分知识点掌握不到位。

总而言之，随着信息技术的飞速发展，知识的丰富和变化，传统的学习方法已不能有效地吸收和整合当代信息。我们正处于教育信息化时代，教育信息化具有传播速度快、信息量大、知识爆炸挑战等新特点。这就要求我们打破传统的死记硬背式教学和单一强调知识迁移的模式，应从基础知识储备阶段转向综合能力发展阶段，从而促进学习者高阶思维的发展、知识的意义建构、知识的迁移和应用等，从而实现对知识的深度学习和理解。因此，近年来，深度学习的相关研究备受关注，并逐渐成为学科教学领域的热门话题。

参考文献

［1］王栓萌，李赞．"六个必须坚持"统领高校意识形态工作的价值意蕴［J］．安康学院学报，2023，35（3）：1-5.

［2］杨六栓，郭敏，吴朕君．产教融合高质量发展：价值意蕴、现实境遇与推进策略［J］．河南工业大学学报：社会科学版，2023，39（2）：82-88.

［3］2023国际英语教育中国大会通知［J］．外语教学理论与实践，2023（2）．

［4］2023国际英语教育中国大会通知［J］．英语学习，2023（6）．

［5］王敏丽．抑郁症患者认知功能损害的影响因素分析［J］．中外医药研究，2023，2（2）：163-165.

［6］翟绍果，徐天舒．中国式现代化进程中乡村治理共同体的时代契机、运行机制与行动方略［J］．西北大学学报：哲学社会科学版，2023，53（3）：148-158.

［7］2023国际英语教育中国大会通知［J］．解放军外国语学院学报，2023，46（3）：136-136.

［8］刘春梅．基于团体辅导的高职生心理健康教育教学改革创新探讨［J］．中文科技期刊数据库(全文版)教育科学，2020(10)：0198-0198.

［9］罗林，章盛清．基于以劳育人理念的学校特色劳动教育行动方略［J］．少先队活动，2023（5）：18-19.

［10］高维龙，彭影，胡续楠．"双碳"目标下数字经济对城市节能减排的影响研究［J］．城市问题，2023（3）：25-37.

［11］范琳，张其云．建构主义教学理论与英语教学改革的契合［J］．外语与外语教学，2003（4）：28-32.

［12］王湘玲，宁春岩．从传统教学观到建构主义教学观——两种教学观指导下的英语教学对比研究［J］．外语与外语教学，2003（6）：29-31．

［13］司显柱．多元互动大学英语教学模式建构——建构主义视域［J］．外语学刊，2011（1）：110-112．

［14］戴小红．高职大学生学情分析的实证研究［J］．黑龙江高教研究，2014，32（1）：115-117．

［15］刘忠洋，刘晟蓝．论高职学生综合素质教育的缺失与公共基础课程的作为［J］．湖南社会科学，2014（2）：229-232．

［16］马长世，田雷．试论当前高职学生思想状况的基本特点［J］．江苏高教，2008（5）：97-98．

［17］周振煜．"互联网＋"时代下的高职学生思想特点及政治教育策略［J］．黑龙江教育学院学报，2017，36（5）：48-50．

［18］刘素蓉，高昀．关于高职高专英语教学改革的思考［J］．东南大学学报：哲学社会科学版，2011，13（S1）：235-236．

［19］张宏宇．建构主义指导下大学英语翻转课堂教学思路［J］．作家天地，2020（13）：53-54．

［20］杨秀萍．互联网环境下加强高职学生思想政治教育对策研究［J］．作家天地，2020，0（10）：147-148．

［21］赵焱，张旗伟，徐蕊，等．超语及认同建构作为双语者的学习手段［J］．现代外语，2021（2）：258-270．

［22］惠玉，王常珏．大学英语多元互动教学模式的探索［J］．山西青年，2019，0（22）：55-55．

［23］周密．应用技术高校大学英语多元互动教学模式研究［J］．神州印象，2019，0（4）：215-215．

［24］郭珣．探究高职英语教育运用情境教学的意义与有效建构［J］．中国多媒体与网络教学学报：电子版，2020，0（8）：140-141．

［25］朱京曦．智能时代教学互动的内涵回归［J］．中国远程教育，2021（3）：45-52．

［26］任劲劲，董秋源，郜颖. 百万扩招背景下的三教改革研究——以T学院管理系扩招专业为例［J］. 成都中医药大学学报：教育科学版，2021，23（1）：52-55.

［27］许怡强，冯东东. 基于建构主义模式探讨高校体育课改的新视野——支架式教学在排球选修课的研究［J］. 冰雪体育创新研究，2020（12）：35-36.

［28］周红，夏蕊. 商务汉语案例文本的选编原则［J］. 国际汉语教育（中英文），2019，0（4）：20-33.

［29］章林. 信息化教学下的高职英语多元化教学模式设计研究［J］. 中国多媒体与网络教学学报：电子版，2019，0（32）：3-4.

［30］傅玲芳，杨坚定. 基于网络多媒体大学英语教学模式的自主学习能力研究［J］. 外语与外语教学，2007（10）：36-38.

［31］汪徽. 网络英语教育环境下学生能力结构的社会建构学分析［J］. 现代远距离教育，2008（3）：51-53.

［32］陈瑛. 建构主义学习理论指导下的高职英语教学［J］. 中国科技信息，2010（4）：193-194.

［33］马玲玲. 项目驱动教学法在大学英语教学中的应用［J］. 和田师范专科学校学报，2010，30（4）：133-134.

［34］李柯. 建构主义教学观下的英语专业阅读"零课时"建设［J］. 重庆文理学院学报：社会科学版，2010，29（4）：177-181.

［35］范富平，秦晨光. 以建构主义理论为指导 构建以能力为核心的高职英语教学模式［J］. 信阳农业高等专科学校学报，2012，22（3）：153-155.

［36］董秋芳. 构建以就业为导向的高职英语教育模式［J］. 兰州教育学院学报，2014，30（1）：55-57.

［37］钱庆义. 建构主义理论下商务英语教学模式创新［J］. 外国语文，2014，30（3）：185-189.

［38］李君英. 大众化教育背景下高职院校英语教育专业学生就业能力提升问题研究［J］. 湖北函授大学学报，2014，27（16）：15-16.

［39］宋铮铮. 浅谈以就业为导向的职业学校英语教育专业学生管理［J］. 求知导刊，2018，0（28）：152-152.

［40］陈艳. 基于就业导向的高职英语教育模式及构想［J］. 科教导刊：电子版，2018，0（19）：195-195.

［41］谭钦菁. 研究性教学在高级英语课堂中的应用［J］. 延边教育学院学报，2019，33（4）：21-22.

［42］袁婷. 新就业形势下开展高职英语教育的途径［J］. 科技风，2019，0（31）：79-79.

［43］朱坤花. 微课堂在幼师英语教学中的应用［J］. 新课程研究，2020，0（6）：84-85.

［44］欧阳静. 新形势下高职英语教育现状及应对策略［J］. 造纸装备及材料，2020，49（1）：165-165.

［45］黄媛媛，曾宪迪. 以就业为导向的高职英语教学创新策略［J］. 成长，2021（9）：74-74.

［46］纪靓. 以就业为导向的高职英语教育改革探究［J］. 海外英语，2021（23）：223-224.